In Ritualen das Leben feiern

Christiane Bundschuh-Schramm

In Ritualen das Leben feiern

z.B. Schwangerschaft · Geburtstag · Führerschein ·
Umzug · Trennung

Matthias-Grünewald-Verlag · Mainz

Der Matthias-Grünewald-Verlag ist Mitglied
der Verlagsgruppe engagement

Die Deutsche Bibliothek – CIP-Einheitsaufnahme

In Ritualen das Leben feiern : z.b. Schwangerschaft, Geburtstag, Führerschein,
Umzug, Trennung / hrsg. von Christiane Bundschuh-Schramm. – Mainz : Matthi-
as-Grünewald-Verl., 1998
ISBN 3-7867-2097-5

© 1998 Matthias-Grünewald-Verlag, Mainz
Umschlag: Matlik & Schelenz, Nieder-Olm
Druck und Bindung: Fuldaer Verlagsanstalt

ISBN 3-7867-2097-5

Inhalt

I. Biographie und Religion: Übergänge feiern

II. Rituale zur Feier eines Übergangs

I. Biographie und Religion: Übergänge feiern

In unserer Gesellschaft ist der Ort der Religion die eigene Biographie. Weil der Mensch sich individualisiert und biographisiert hat, individualisiert und biographisiert sich auch die Religion. Beide Phänomene werden mit Schlagworten wie Bastelbiographie, Patchworkbiographie und Bastelreligion beschrieben. Sie drücken aus, daß der individualisierte Mensch fortan mit Lebensplanung beschäftigt ist, für diese Lebensplanung aber nicht auf vorgegebene Muster zurückgreifen kann. Sie/er muß ihr/sein Leben selber entwerfen, wobei sich eine Vielzahl von Entwürfen und Konzepten anbietet.

Die Religion reiht sich in dieses Angebot ein. Sie wird plural. Ihren Bezugspunkt bildet fortan das Individuum und seine Biographie. Sie wird nachgefragt in bezug auf das Basteln der eigenen Biographie und für diese Bastel-Aufgabe funktionalisiert.

1. Biographie und Übergang

Jede Person kann die Veränderungen in der eigenen Biographie nachprüfen. Wieviele Gespräche am Eßzimmertisch dienen der Lebensplanung: Sollen wir jetzt ein Kind bekommen oder später? Auf welches berufliche Pferd soll ich setzen? Habe ich mit dieser Fortbildung oder mit einer anderen mehr Chancen auf den beruflichen Neueinstieg? Wollen wir unsere Tochter das humanistische oder das mathematische Gymnasium besuchen lassen? Ist es besser, Schweinefleisch zu essen oder doch beim Rindfleisch zu bleiben?

Fragen über Fragen, Entscheidungen über Entscheidungen – doch vorgegebene gesellschaftliche Muster und Normen sind nicht mehr in Sicht. Zwar bedeutet dies einen enormen Freiheitsgewinn, aber auch einen neuen Zwang: den Zwang zur Wahl. Die getroffene Wahl aber entsteht aus einem Abwägen mit knappem Ergebnis statt aus einer klaren Entscheidung für die besseren Argumente.

Leben wird zum Lebenslauf und Lebensplanung zum zeitlich begrenzten Projekt: Welche Lebensmöglichkeiten kann ich gleichzeitig verwirklichen? Welche nehme ich nacheinander in Anspruch? Lebenszeit wird so kostbar, daß es am tröstlichsten wäre, man käme

mehrmals auf die Erde zurück, um die begrenzte Lebenszeit ver-
längern zu können.
Die Aufgabe ist schwierig. In der eigenen Person soll man vermitteln und irgendwie zur Einheit bringen, was in der Gesellschaft
different und disparat ist. Widersprüche, unterschiedliche Ansprü-
che und Erwartungen müssen von einzelnen Personen bewertet,
ausgewählt und verantwortet werden. Vermitteln, kombinieren,
entscheiden und organisieren wird zum Fulltime-Job.
In dieser Situation entstehen neue lebensgeschichtliche Übergänge und alte werden besonders brisant. Aus einer Hochzeit beispielsweise wird ein selbstverantwortetes Lebensprojekt mit unsicherem
Ausgang. Aus einer Berufswahl wird ein Lebensprogramm, das von
den wirtschaftlichen Verhältnissen jederzeit umgeworfen werden
kann. Neue lebensgeschichtliche Übergänge kommen durch Um-
schulungen, Umzüge, Berufswechsel, Vorruhestand, Scheidung,
familiäre und religiöse Veränderungen hinzu. Die eigene Biographie und das eigene Lebenskonzept stehen an diesen lebens-
geschichtlichen Übergängen auf neue Weise auf dem Spiel. Übergänge sind subjektiv riskant – die individuelle Seite der Risiko-
gesellschaft. Sie verlangen Risikobereitschaft und bergen viele Risiken in sich. Man muß das eigene Leben in die Hand nehmen,
ohne alles in der Hand zu haben. Vor allem in der weiblichen Biographie sind lebensgeschichtliche Übergänge mit mannigfachen
Unsicherheiten behaftet und äußerst vielschichtig. Zum Beispiel
kann eine Scheidung für eine Frau gleichzeitig eine Befreiung aus
unerträglich gewordenen Zuständen und eine neue persönliche und
finanzielle Zwangslage (z.B. alleinerziehend, auf Sozialhilfe ange-
wiesen) bedeuten. Die Entscheidung für die berufliche Karriere hat
allzuoft die ungewollte und doch unvermeidbar scheinende Kinderlosigkeit zur Folge.
Lebensgeschichtliche Übergänge werden in der weiblichen wie in
der männlichen Biographie als Krisensituationen erfahren. Die Mittel zur Bewältigung stehen (noch) nicht oder nicht ohne weiteres
zur Verfügung. Die Vergangenheit ist noch nicht abgeschlossen und
die Zukunft offen. Beides birgt Chancen und Risiken in sich. Lebens-
übergänge können mehr oder weniger gelingen bzw. mißlingen.
Ihr Gelingen oder Mißlingen liegt nicht nur in der eigenen Verant-

wortung, sondern hängt von verschiedenen Faktoren und Personen ab (gesellschaftliche Bedingungen, Einstellungen des Umfeldes, Unterstützung bzw. mangelndes Mittragen durch Personen im unmittelbaren Umkreis).

Lebensgeschichtliche Übergänge sind daher von gemischten Gefühlen begleitet: von Hoffnungen, Erwartungen und Freude einerseits; von Unsicherheit, Angst, Zweifel und Enttäuschung andererseits. Die eigene Person muß neu definiert und neu gelebt werden. Der Übergang betrifft die ganze Person: ihr Selbstverständnis und ihre Rolle(n), ihre sozialen Bezüge und ihre Beziehung zu Gott.

Der Übergang der Hochzeit z.B. stellt eine kritische Lebenswende dar. Bei der Heirat ist offen, ob die Zukunft hält, was sie verspricht. Bezüglich der Vergangenheit ist noch nicht entschieden, welche Bedeutung sie für die bevorstehende Zukunft haben wird, inwieweit sie in die neue Situation positiv integriert werden kann. Der Übergang der Heirat verändert das Selbstverständnis und die Rolle der PartnerInnen: Sie teilen „Tisch und Bett", ändern den Familienstand – aus ledig wird verheiratet – und zählen auch vor der Kirche und vor Gott als Paar. Ob die Ehe gelingen wird, wird in die Verantwortung dieser beiden Menschen gelegt, hängt aber auch vom Umfeld und von gesellschaftlichen Bedingungen ab. Statistisch ist eine Ehe in der Stadt gefährdeter als auf dem Land, eine konfessionsverschiedene brüchiger als eine katholische oder evangelische Ehe.

2. Ritual und Übergang

Wenn sich Religion biographisiert, biographisiert sich auch die Liturgie. Der Bezugspunkt religiösen Feierns wird die eigene individuelle Biographie.

Im religiösen Feiern drückt sich der Mensch als ein Wesen aus, das mit Gott in Beziehung steht: Gott ist es, der dem Menschen seine Würde zuspricht, der ihm helfend und heilend entgegenkommt und ihn zu sich selber führt.

Diese Verbindung Gottes mit den Menschen und der Menschen mit Gott wird in der Liturgie ausgedrückt. Sie kommt in Symbolen und Worten zur Darstellung. Gottes Heilszuwendung zu den Menschen und die lobpreisende, verehrende und bittende Antwort der Menschen an Gott wird im religiösen Feiern gestaltet. Liturgie ist Spiel: Sie läßt Gott vor den Menschen sein und die Menschen vor Gott – einfach so, ohne Zweck.

In der Liturgie bringt der Mensch sein Leben vor Gott. In Texten, Liedern und Symbolen drückt er sein Leben aus und legt es, so wie es ist und so wie er/sie ist, in die Hände Gottes. Er/sie läßt Gott über sein/ihr Leben verfügen. Er/sie läßt sich die Zuwendung Gottes schenken, die in der religiösen Feier dargestellt wird. Die Zusagen Gottes in der Geschichte des Volkes Israel und früher, im Leben Jesu Christi und vieler anderer Menschen werden erinnert und vergegenwärtigt. In der Liturgie wird diese Gegenwart Gottes erfahrbar und gefeiert. Der Mensch, der sein Leben mitbringt, und sich diesem Entgegenkommen Gottes öffnet, wird verwandelt: zu seinem/ihrem eigenen Selbst.

Der heutige Mensch kommt mit seinen Lebensübergängen und Schwellensituationen vor Gott. Da, wo ihm das eigene Leben fraglich und brüchig geworden ist, stellt er es in die Heilsgeschichte Gottes mit den Menschen. Angesichts seiner persönlich zu bewältigenden Übergänge fragt er nach Liturgien und Ritualen[1] – nach Feiern mit festen Formen.

In Ritualen und Feiern an Schwellensituationen können Menschen ihren Übergang im Angesicht Gottes darstellen und mit Gott in Verbindung bringen. Sie drücken aus, was ihr Leben in dieser schwierigen Aufgabe betrifft, und lassen sich von der Zusage Gottes betreffen und beschenken. Sie bitten um Kraft für den Übergang und hoffen auf Gelingen; sie beklagen Mißlungenes, benennen eigene Schuld und Versagen und danken für bereichernde Erfahrungen. Angesichts ihres Schwellengangs lassen sie sich hineinnehmen in das Wandlungsgeschehen, das Gott an den Menschen seit Jesus vollzieht.

---

[1] Die Begriffe Ritual und Liturgie im Sinne einer einzelnen Feier verwende ich synonym. Dadurch möchte ich vermeiden, daß der Begriff der Liturgie eher den klassisch-kirchlichen, der Begriff des Rituals eher den neueren, an der Biographie oder der Natur orientierten religiösen Feiern zugeordnet wird.

Religiöses Feiern kann an diesen Lebensschwellen einen neuen bedeutenden Ort finden. An Lebensübergängen können Rituale und Liturgien wichtige Funktionen für den Menschen der Gegenwart erfüllen:

1. Rituale bieten einem Menschen in seinem Übergang einen Ort in der Gesellschaft. Sie weisen ihm einen Platz zu, den er einnehmen kann. Sie stellen ihn in eine Tradition von Menschen, die denselben Schwellengang erlebt haben. Durch den Vollzug der Rituale in einem halb- oder öffentlichen Raum gewinnt die Person Sicherheit und Stabilität. Die Mitfeiernden stimmen dem Übergang zu und feiern ihn mit.

Die öffentliche Feier besitzt eine wichtige politische Dimension, indem Lebenssituationen enttabuisiert werden, die gesellschaftlich totgeschwiegen oder ghettoisiert werden (z.B. Tod, Scheidung, Lebensmitte). Aber auch eine private Feier – z.B. zu zweit – kann den Betroffenen helfen, ihre Situation öffentlich nicht (mehr) zu verheimlichen und eventuell für politische Veränderungen einzutreten.

2. Rituale helfen, den Lebensübergang individuell zu bewältigen. In Symbolen und anderen Ausdrucksformen (Wort, Bewegung, Klang) kommen die Gefühle und Gedanken, das Unbewußte und Bewußte zur Darstellung. Rituale laden ein, den Übergang mit seinen Krisen und Klippen zu durchleben und sein Gelingen vorwegzunehmen. Dadurch werden die betreffenden Personen ermutigt, den Übergang zu bewältigen.

3. Rituale sichern den Übergang als wesentlichen Teil der eigenen Biographie. Die Feier „konserviert" den Übergang und macht ihn identifizierbar. Das Ritual kann erinnert und in der Erinnerung können die damit verbundenen Erfahrungen und Gefühle vergegenwärtigt werden. Die Feier „bleibt" und stiftet so Identität im Lebenslauf.

4. Rituale am Übergang sind Feiern mit spielerischem und dramatischem Charakter. In ihnen bringt sich die Schwellensituation selber zur Darstellung. Die Offenheit und Unbestimmtheit des Übergangs, die Krisensituation und die Chancen, die Bedingtheiten und die Möglichkeiten – alles, was in dieser Schwellensituation verborgen schlummert, kommt im Ritual ins Spiel. Der Übergang als

Grenzüberschreitung zwischen hier und dort, jetzt und nachher, Menschlichem und Göttlichem, wird in der Schwellensituation nach- und vorgespielt.

5. Rituale an der Schwelle bringen zum Ausdruck, daß die Situation gott-voll ist. Der Mensch sucht die Zuwendung Gottes in der Lage der Unsicherheit und Ambivalenz. Gott wird geglaubt als der, der den Übergang mitgeht und begleitet. Sein Entgegenkommen im Übergang wird erbeten, für seine Nähe wird gedankt und seine Anwesenheit wird „genutzt", um ihn zu bitten.

3. Zum Konzept dieses Buches

Das Buch enthält Rituale und Feiern entlang der Biographie. Es handelt sich um Liturgien an Übergängen, um Passageriten und Schwellenrituale.

Die Übergangsfeiern sind zum Teil chronologisch angeordnet, aber keinesfalls vollständig und lückenlos. Dies widerspräche der gesellschaftlichen und religiösen Situation: Wenn es keine Normbiographie mehr gibt, kann es auch keine Normrituale mehr geben.

Vielmehr bietet das Buch eine offene Auswahl an Ritualen, die zu unterschiedlichen Übergängen heutiger Biographien gehören. Den Anfang und den Schluß bilden zwei klassische Passageriten: die Taufe und die Beerdigung. Die Taufe bedeutet eine besondere Übergangsfeier, weil sie ein Sakrament ist, durch das Gottes Zuwendung heilswirksam geschieht. Andere Sakramente wie die Hochzeit und die Firmung könnten sich ebenfalls in der Sammlung finden – ihr Fehlen ist Zufall, nicht Programm.

Die Rituale gehören zu unterschiedlichen Situationen und daher entsprechen ihnen verschiedene Zeiten und Orte. Manche Feiern können im engeren Familienkreis, manche in einem öffentlicheren Rahmen begangen werden. Ihre Verortung im näheren Umfeld entspricht der Biographisierung der Religion.

Selbstverständlich verstehen sich alle Rituale und Liturgien als Angebote für Menschen, die sich anregen lassen wollen, Übergänge in ihrem Leben zu feiern oder andere Menschen in ihren Übergängen rituell zu begleiten. Die Ablaufbeschreibungen beziehen sich größtenteils auf konkrete Anlässe und Situationen und können bzw. müssen daher nach Bedarf verändert werden.

II. Rituale zur Feier eines Übergangs

Liturgie in der Schwangerschaft

• • Zur Situation

Dreimal durfte ich in meinem Leben schwanger sein; und dreimal habe ich Töchter entbunden. Die Zeiten der Schwangerschaften waren für mich sehr intensiv, dicht gefüllt mit Gefühlen, Gedanken und Empfindungen. Sie waren tiefreligiöse Zeiten. Das Bewußtsein, für das Werden und Entstehen neuen Lebens eine wesentliche Rolle zu spielen, verlieh mir eine ungeheure Würde, Mitschöpferin an Gottes Seite in dieser Welt zu sein.

In der Mitfeier eines „normalen" Gemeindelebens war ich als Schwangere sensibel für Anklänge von Schwangerschaft, Mutterschaft und Geburt in der Verkündigung. In vielen Lesungstexten erkannte ich, wenn die Rede von „uns" Schwangeren war. Zuvor hatte ich darüber hinweggehört. Es wurde ja auch nicht eigens betont.

Da hieß es: „Ich bringe sie heim, Schwangere und Wöchnerinnen" (Jeremias 31,8); „Die Mutterschafe führt er (der Hirt) behutsam" (Jesaja 40,11); „Saugt euch satt an ihrer tröstenden Brust" (Jesaja 66,11); „Ihre Kinder wird man auf den Armen tragen und auf den Knien schaukeln" (Jesaja 66,12); „Aus dem Mund der Kinder und Säuglinge verschaffst du dir Lob" (Psalm 8,3).

Besonders die Botschaften in der vorösterlichen Zeit wurden für mich zu einer neuen Erfahrung: „Das Weizenkorn muß sterben, um reiche Frucht zu bringen" (Johannes 12,24; Gotteslob 620).

Die explizite Rede von Schwangeren hörte ich im Advent: Maria, eine Schwangere, steht im Vordergrund der Verkündigung. Am vierten Advent liegt der Schwerpunkt sogar auf der Begegnung zweier schwangerer Frauen: Maria und Elisabeth.

Die Verbundenheit zur Situation biblischer Schwangerer ließ meinen Wunsch stärker werden, die Schwangerschaft, mich und mein Kind zum Thema vieler Gebete, einer Liturgie oder eines spirituellen Wochenendes zu machen.

Ich suchte Gleichgesinnte und fand die Zustimmung vieler Mütter,

die schon entbunden hatten. Viele Schwangere aber signalisierten mir ein Tabu in puncto Religiosität und Schwangerschaft. Mein Vorhaben schien den Intimbereich zu verletzen.
Nichtsdestotrotz versuchte ich die Ausschreibung eines Wochenendes und eines Begegnungsnachmittags, sprach mit Hebammen und mit Schwangeren in Geburtsvorbereitungskursen. Einzelne signalisierten mir Interesse, Neugier – eine gemeinsame Feier kam aber nie zustande. Religiöses „Outen" ist im gesamtgesellschaftlichen Bereich wohl nicht angesagt.
Vielleicht aber findet sich doch einmal eine schwangere Frau, die mit (einer) anderen ein Kind erwartenden Frau(en) und mit Freundinnen oder in einem Freundes- und Verwandtenkreis die Schwangerschaft feiern und sich und ihr Kind Gott anvertrauen will.

• • Zur Liturgie

Folgender Vorschlag umfaßt eine kleine Liturgie für und mit schwangeren Frauen. Natürlich können auch nur einzelne Elemente daraus verwendet oder die Einheiten umgestellt oder ergänzt werden. Beim Schreiben habe ich gemerkt, daß ich die männliche Sprachform für Gott gebrauche. Sie kann je nach Gottesbild gegen die weibliche ausgetauscht werden.

• • Ablauf der Liturgie

„Du, Kind in mir"

Die TeilnehmerInnen sitzen im Stuhlkreis oder Halbkreis zusammen. Eine große Kerze steht brennend in der Mitte. Sie symbolisiert die Anwesenheit Gottes und die Zuwendung zur Feier. Bilder von Schwangeren oder Attribute der Schwangerzeit (gesundes Essen, Eisen-Tabletten, Cremes, Stützstrümpfe, Bücher über die Entwicklungsphasen des Kindes) können der thematischen Verdichtung helfen.
Falls die TeilnehmerInnen sich nicht alle kennen, ist es zunächst

gut, zur gegenseitigen Vorstellung einzuladen. Name, Wohnort, Geburtstermin, wievieltes Kind könnten Stichworte für die Vorstellung sein. Wenn FreundInnen und/oder werdende Väter anwesend sind, sollten sie sich in ihrer Verbindung zum werdenden Kind vorstellen.

Eröffnung

Eine: Im Namen Gottes, des Lebensspenders, beginnen wir diese Feier. Wir wollen uns Gott öffnen, ihn um seine Nähe bitten und uns und unsere Kinder ihm anvertrauen.

Situation der Mütter

Es ist schön, wenn jede der Frauen sich mit einem Teil ihrer Schwangerschaft offenbart und in die Liturgie einbringt. Dadurch wird sie zur persönlichen Feier der Frauen. Die Liturgie wird echter und tiefer.

Wenn werdende Väter anwesend sind, können sie ihre Erfahrungen benennen.

Im folgenden stehen Beispiele für Situationen von Schwangeren. Sie sollen dazu anstoßen, eine kurze persönliche Mitteilung beizutragen.

Möglich ist hier auch, daß jede ein Ultra-Schall-Bild ihres Kindes zur Kerze legt.

Eine: Gott, ich bringe dir meinen Dank dafür, daß ich nach unendlich langer Wartezeit, vielen ärztlichen Bemühungen und aufgegebener Hoffnung nun doch ein Kind in mir wachsen spüren darf.

Liedruf oder gesprochener Vers nach jeder Äußerung, z.B.:
- „Geh mit uns auf unserm Weg" *(Text: Norbert Weidinger; Musik: Ludger Edelkötter)*
- „Bleib mit deiner Gnade bei uns" *(Text aus Taizé; Musik: Jacques Berthier)*
- „Wechselnde Pfade" *(siehe Seite 65f)*

Je nach Betroffenheit erfolgt eine kurze oder längere Stille vor dem Ruf.

Eine: Gott, ich staune darüber, was alles in mir von alleine so wunderbar wird. Worte reichen nicht aus, dieses Wunderbare zu beschreiben.

Eine: Gott, ich bin immer noch irritiert darüber, daß ich schwanger bin. Es war so gar nicht geplant und beabsichtigt. Ich weiß nicht, was werden wird – Partnerschaft, Berufsausbildung, Zukunft (oder andere spezifische Lebensumstände). Hilf mir auf dem Weg zu sinnvollen Entschlüssen.

Eine: Gott, ich bringe dir meine Verzweiflung. Das Kind ist nicht gewollt. Aber es wird und ich kann mich nicht dagegen stellen.

Zum Abschluß:
Eine: Gott, hier sind wir, wir Schwangeren. Wir sind nicht mehr nur wir selbst, wir tragen noch ein zweites Leben in uns. Sei du bei uns, schenke uns dein Verstehen, hilf uns das Richtige zu tun und laß uns und unsere Kinder bei dir aufgehoben sein.

Verbundenheit mit biblischen Schwangeren

Falls vorhanden können Egli-Figuren in die Mitte gestellt werden: Die schwangere Maria begegnet der schwangeren Elisabeth. Alternativ kann ein Bild der beiden Frauen hingelegt werden.[1]

Es folgt der biblische Text Lukas 1,39–42 – vorgelesen oder frei erzählt:

Eine: Maria war schwanger. Ein so junges Mädchen, unverhofft und etwas vor der üblichen Zeit. Niemand konnte sie recht verstehen, der Verlobte nicht und auch die Familie nicht. Da gab es aber in der Verwandtschaft eine viel ältere Cousine Elisabeth, mit der sie bis jetzt wenig zu schaffen hatte. Elisabeth litt zeitlebens darunter,

---

[1] Sieger Köder, Heimsuchung. Gesegnet ist die Frucht deines Leibes (Lk 1); erhältlich als Postkarte bei: Schwabenverlag, Abt. Buchverlag, Senefelderstr. 12, 73760 Ostfildern, Best.-Nr. SK 229.
Rembrandt, Marias Besuch bei Elisabeth, in: Bistum Essen (Hg.), Bilder und Texte für die Advents- und Weihnachtszeit, 1992; erhältlich als Dia bei: DKV-Buchdienst, Preysingstr. 83c, 81667 München.
Lucy D'Souza, Maria und Elisabeth. Misereor Hungertuch „Biblische Frauengestalten", (Misereor Medienproduktion und Vertriebsgesellschaft) Aachen.

kein Kind bekommen zu können. Nun, als eigentlich schon alles zu spät war, war sie aber doch noch schwanger geworden. Maria fühlte sich zu ihr hingezogen, auch wenn Elisabeth viel älter war. Sie trug ja auch ein neues Leben in ihrem Bauch. Zu ihr wollte sie. Mit ihr wollte sie eine Weile verbringen und Zeit haben für all das, was es so in der Schwangerschaft auszutauschen gibt: Übelkeit, Kreuzschmerzen, Gelähmtheit, aber auch das Staunen und die Sprachlosigkeit, das Bangen und Sorgen und vieles mehr.

Maria hatte einen weiten Weg vor sich. Doch sie eilte, es drängte sie einfach hin zu Elisabeth. Und diese ältere Frau empfängt Maria mit großer Freude, Zuneigung und Zärtlichkeit. Ihr Kind bewegt sich heftig im Bauch, es strampelt, als hätte es auch schon eine Botschaft an diesen so wertvollen und wichtigen Besuch.

Beide Frauen ahnen die Besonderheit ihrer Kinder. Beide schenken diesen Kindern Entfaltungsraum, beide stellen ihr Leben in der Schwangerschaft hinter das der Kinder. Und beide sind ganz wichtig für das Leben in der Geschichte Gottes mit den Menschen.

Stille oder leise Musik

Einladung zur Mitteilung
Jede, die will, kann sich äußern, z.B.:
Maria, ich fühle mich dir verbunden, weil …
Elisabeth, ich fühle mich dir verbunden, weil …

Dabei können auch Fäden als Verbindungslinien von jeder Sprechenden zu den Figuren oder dem Bild in der Mitte gelegt werden.

Zusage der Wertschätzung
Die TeilnehmerInnen stehen auf und legen sich zu beiden Seiten die Hände auf die Schultern. Sie signalisieren einander: Wir Schwangeren sind wertvoll, weil wir neues Leben in uns tragen.
Falls FreundInnen oder Väter dabei sind:
Ihr Schwangeren seid voller Würde, weil Ihr Gottes Mitschöpferinnen seid.

Gesprochene Zusage an jede Schwangere: N.N., du bist wertvoll und das Leben in dir!

Danach folgt jeweils ein einfacher Liedruf, z.b.:
- „Du bist da, wo Menschen leben" *(Detlev Jöcker)*
- „Kind, ich stütz' dich, Kind, ich stärk' dich, Kind, ich geb' dir Halt". *(nach der Melodie von „Du Gott stützt mich", siehe Seite 46)*

Gemeinsames Gebet

Im Gotteslob befindet sich unter der Nummer 25,1 ein Gebet vor der Geburt. Der Gebets- und Liedschatz der Gemeinde bedenkt auch diese Lebensphase und bringt sie im Gebet zum Ausdruck. Deshalb ist es schön, daraus gemeinsam das Gebet zu sprechen:
Herr und Gott, wir erwarten unser Kind. Wir möchten so gern, daß es ein gesundes und fröhliches Kind wird. Aber wir wollen es annehmen, wie du es uns gibst. Nun bitten wir dich, schenke ihm deine Liebe. Wir wollen es schützen, so gut wir können, schon jetzt, da wir es erwarten. Hilf in der Stunde der Geburt.
Wir wollen unser Kind aufnehmen in deinem Namen und ihm den Weg zeigen, auf dem es dich finden kann. Schenke ihm ein erfülltes und glückliches Leben, und laß es zum Segen werden für alle, die ihm begegnen.
Nimm es allezeit in deinen Schutz.
Amen.

Danach setzen sich die Frauen (und Männer) nochmals.

Bitten

Der Raum für individuelle Bitten ist in einer überschaubaren Gruppe wichtig. Zeichen unterstützen manchmal das Gesagte. Ich schlage vor, daß für jede Bitte eine kleine Kerze an der großen entzündet und dazu gestellt wird.

Eine: Gott, wir alleine sind oft unsicher oder spüren unsere Grenzen. Wir brauchen deine Hilfe. Vieles müssen wir einfach dir anvertrauen. So wollen wir jetzt unsere Bitten dir anvertrauen: ...
Schwangerschaftskomplikationen, Geburtsängste, Partnerschaftsveränderungen; die Schwangerschaft, die Mütter, die Väter und das Kind Gott anvertrauen – all das soll hier Raum zur Bitte finden. Das Anzünden der Kerzen kann von einem Kyrie-Ruf begleitet werden.

Segenszuspruch
Vielleicht ist der Segenszuspruch der wichtigste Bestandteil der Liturgie. Die Frauen sollen daraus Kraft und Zuversicht schöpfen für ihre Schwangerschaft, für sich, für das Kind. Sie dürfen erfahren: Der Gott Jahwe – der „Ich bin, der ich für dich da bin" – geht mit in allen Höhen und Tiefen der Schwangerschaft. Mutter und Kind sind nie alleingelassen. Dabei stehen die Frauen und alle TeilnehmerInnen. Sie halten die Hände zu empfangenden Schalen. Eine spricht:

Gott, du gibst allem, was lebt, deinen Atem.
Segne uns Frauen mit Kraft, Gesundheit, Fröhlichkeit, Zärtlichkeit,
    Geduld und Lebenslust,
daß wir unseren Kindern zum Segen werden,
daß wir ihnen eine gute Entwicklung nach unseren Fähigkeiten
    ermöglichen,
daß wir sie annehmen, wie auch immer sie sein werden,
daß wir stark genug sind, diesen Menschen ins Leben zu helfen.
Segne uns in der Geburt, stelle uns eine gute Hebamme an die
    Seite.
Sei bei uns in der Zeit des Abnabelns.
Segne unsere Kinder, schütze, begleite und führe sie.
Sei bei uns, Gott, du Schöpfer, mit deinem Segen.

oder:
Gott, du Lebensspender.
Schenke uns deinen Segen, uns und den Kindern in uns.
Stütze und begleite uns durch diese verheißungsvolle, kostbare und
    doch manchmal nicht einfache Zeit der Schwangerschaft.
Gib uns die Kraft, Gelassenheit, Zuwendung und Sorge,
die unsere Kinder brauchen.
Sei bei uns im Auf und Ab der Gefühle
und der körperlichen Zustände.
Stärke uns in der Stunde der Geburt,
führe uns durch die Zeit des Abnabelns
und gib, daß wir zu guten und liebevollen Müttern (und Vätern)
    werden,
daß wir unseren Kindern Weggeleit geben,
sie annehmen, wie auch immer sie sind,

und sie auch wieder frei lassen, wenn es an der Zeit ist.
Segne uns, Gott,
umgib uns mit deinem Dasein, deinem Wohlwollen,
mit deiner großen Freude am Leben.

Segenslied, z.B.:

– „Der Herr segne und behüte dich" *(Segensspruch des Hl. Franziskus, Musik: Joseph Schäfer)*
– „Bewahre uns, Gott, behüte uns, Gott" *(Text: Eugen Eckert; Musik: Anders Ruwth und Torsten Hampel)*
– „Mögest du begleitet sein"

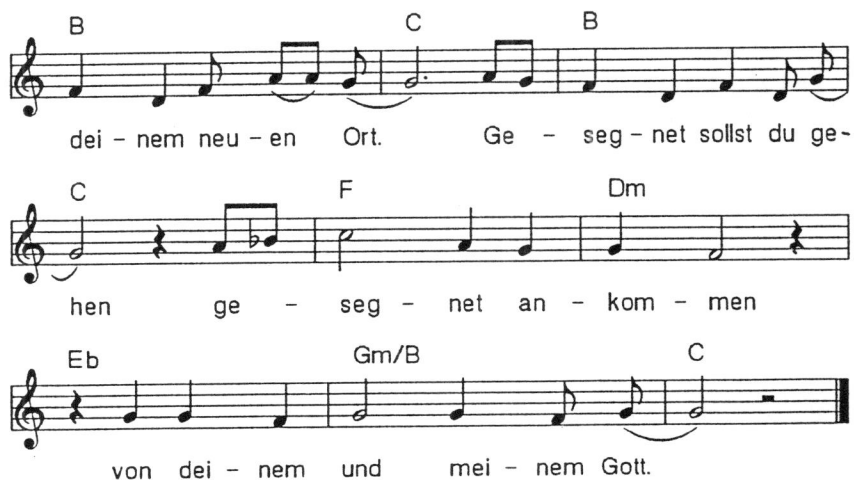

dei – nem neu – en Ort. Ge – seg – net sollst du ge-

hen ge – seg – net an – kom – men

von dei – nem und mei – nem Gott.

Text: Christiane Bundschuh-Schramm; Musik: Michael Schramm

Christiane Breuer

• • •

Ritual vor der Geburt

• • Zur Situation

Vielleicht war der Wunsch nach einem Ritual vor der Geburt bei mir besonders groß, weil es sich um mein erstes Kind handelt; aber ich denke, die letzten Wochen und Tage vor der Geburt eines Kindes sind für jede Frau (und auch für jeden Mann!) eine aufregende Zeit.

Viele Fragen, verbunden auch mit Ängsten, Wünschen und Hoffnungen, beschäftigten mich:

• Wann kommt das Kind (endlich)?

- Wie wird die Geburt sein? Wie werde ich die Schmerzen ertragen?
- Ist das Kind gesund, geht es ihm gut? Wie geht es mir anschließend gesundheitlich?
- Wie wird es hinterher sein – mit dem Kind? Wie sieht mein/unser „Alltag" aus? Bekomme ich Pflege und Erziehung „in den Griff"?
- Wie beeinflußt das Kind unsere Partnerschaft?
- (Wenn es nicht das „Erste" ist: Wie geht es mit dem neuen Kind in der Familie?)
- Was birgt die Zukunft für dieses Kind?

Zum Ritual

Das folgende Ritual habe ich zwar im Blick auf eine Gruppe von Frauen entwickelt; denkbar ist aber auch eine gemischte Gruppe, in der jeweils der Partner der Frau dabei ist. Wo dies Veränderungen in der Durchführung mit sich bringt, ist es vermerkt.
Eine gewisse Vertrautheit der Gruppe untereinander bzw. die Bereitschaft, sich persönlich einzubringen, wird vorausgesetzt.

Benötigt werden
- ein Korb mit Dingen, die mit Schwangerschaft/Geburt/Kinder zu tun haben (von Schnuller über Strickzeug bis Erziehungs-Zeitschriften);
- ausreichend gemütliche Boden-Sitzgelegenheiten, z.B. dicke Sitzkissen oder Decken (um sich hinlegen zu können) – diese im Kreis angeordnet;
- eine Kerze für die Mitte; evtl. Tücher zum Gestalten und Darunterlegen;
- ein Cassettenrecorder; dazu die Kassette mit der „Geschichte vom kleinen Wassermann" oder leise, sanfte Musik.

Ablauf des Rituals

Ankommen
Die TeilnehmerInnen werden kurz persönlich begrüßt. Jede/r wird

eingeladen, vor Beginn des eigentlichen Rituals aus dem Korb ei-
nen Gegenstand zu wählen, der symbolisiert, was sie/ihn gerade
besonders beschäftigt. Dieser Gegenstand wird zu der Kerze in die
Mitte gelegt.
Alle TeilnehmerInnen setzen sich in den Kreis.

Kurze Begrüßung
z.B.
Leiterin: Wir sind hier zusammengekommen, um uns auf die Geburt unseres Kindes einzustimmen. Was unsere Gedanken in dieser Zeit beschäftigt, was uns nachdenklich stimmt, auch was uns
ängstigt, soll hier seinen Platz unter uns und vor Gott finden.
Beginnen wir im Namen dessen, der uns vom Mutterleib an gebildet hat, der uns kennt und der uns liebt: Im Namen des Vaters + ,
des Sohnes und des Heiligen Geistes. Amen.

Entspannungsübung
Leiterin: Auch die Kinder, die wir erwarten, sind unter uns; noch
unsichtbar, aber doch fühlbar und erkennbar in ihrem eigenen kleinen Reich.
Wir machen es uns gemütlich, legen vielleicht die Hände auf den
Bauch, schließen die Augen und nehmen Kontakt zu unserem Kind
auf.

Die Kassette vom kleinen Wassermann wird gespielt oder eine Ent-
spannungsübung zu leiser, sanfter Musik angeleitet:

Leiterin: Ich setze oder lege mich ganz bequem hin ...
Ich schließe die Augen ...
Ich atme tief und gleichmäßig, ein ... und aus ... und ein ... und aus
...
Ich spüre meinen Körper, wo er den Boden berührt ... (die Füße ...,
die Unterschenkel ..., die Oberschenkel ..., das Gesäß ..., den Rük-
ken ..., die Hände ..., die Unterarme ..., die Oberarme ..., die Schul-
tern ..., den Hals ..., den Kopf ...).
Ich nehme mich wahr ... ich bin da ...
Auch mein Kind ist da ...
Ich nehme Kontakt auf zu meinem Kind ...

Ich begrüße es, heiße es willkommen ...
Mit meinen Gedanken bleibe ich eine Weile bei meinem Kind ...
(längere Pause)
Langsam kehre ich wieder zurück ... (in diesen Raum / zu unserer Gruppe)
Ich atme tief durch ...
Ich öffne die Augen ...
Ich setze mich aufrecht hin ...

Anschließend noch einen Moment der Ruhe halten.

Bibeltext

Leiterin: Wir wissen nicht, was kommen wird, was das neue Kind uns bringt. Aber wir wissen: Es hat seine gute Ordnung, es geht seinen Weg.

Ein/e TeilnehmerIn liest vor:
Kohelet 3,1–8

Austausch

Einladung, den anfangs gewählten Gegenstand vorzustellen:
Leiterin: Jede/r von uns hat vorhin einen Gegenstand aus dem Korb gewählt, der für sie/ihn symbolisiert, was sie/ihn gerade besonders beschäftigt.
Wer es gerne möchte, darf den anderen kurz erzählen, was er/sie mit dem Gegenstand verbindet. (Diese Aussagen sollen unkommentiert bleiben.)

*Anschließend besteht die Möglichkeit, sich über alles, was eine/n gerade hinsichtlich der bevorstehenden Geburt und des Kindes beschäftigt auszutauschen, miteinander ins Gespräch zu kommen ...
Je nach Größe der gesamten Gruppe sollten evtl. Kleingruppen mit 3–4 Teilnehmerinnen gebildet werden. Wenn jeweils Paare teilnehmen, so ist es auch denkbar, daß sich jeweils die Partner einander mitteilen.*

Gebet
(freie Fürbitten und Vater unser)
Leiterin: Alles, was uns im Hinblick auf das, was kommen wird, am Herzen liegt, wollen wir nun in freien Fürbitten vor Gott bringen. Wir schließen unsere Bitten ab mit dem gemeinsamen Vater unser.

Lied
„Ausgang und Eingang" *(Text und Musik: Jochen Schwarz)*

Segen
Leiterin: Herr, wir stehen vor dir und vertrauen dir unsere Kinder an.
Segne sie.
Du weißt, ob ihre Wege gerade sein werden
oder ob ihnen Unglück bevorsteht.
Du kennst ihre Wege, du kennst jede Gefahr.
Wenn du willst,
werden unsere Kinder glücklich werden.
Wenn du willst,
werden sie wachsen und groß werden
und eine Freude sein für alle,
die ihnen begegnen.
Herr, segne unsere Kinder
und segne auch uns.

Adalbert Balling

So segne, behüte und begleite uns der gute und treue Gott:
Im Namen des Vaters und des Sohnes und des Heiligen Geistes. Amen.

Mögliche Ergänzungen/Erweiterungen/Variationen
• Am Anfang des Rituals könnte auch ein Lied vorgespielt werden, welches das Leben mit Kindern behandelt und somit zum „Thema" führt (z.B. „Menschenjunges" oder „Keine ruhige Minute" von Reinhard Mey, oder „Marie" von Herbert Grönemeyer).

• Anstelle des Bibeltextes kann auch ein anderer Text stehen, z.B. aus dem Buch „Momo" von Michael Ende die Passage über

Beppo, den Straßenkehrer (immer einen Schritt nach dem anderen gehen/tun; so geht es voran).[1]

* Wer keine freien Fürbitten formulieren möchte, kann sie auf kleine Zettel schreiben lassen (Stifte und Zettel bereithalten!), diese dann sammeln und nach Belieben vorlesen. Alle Bitten können aber auch in das Vater unser eingeschlossen werden.

* Ein alternativer Segenstext (für ein Kind):

Ich wünsche dir nicht,
daß du ein Mensch seist, rechtwinklig an Leib und Seele,
glatt und senkrecht wie eine Pappel oder elegant wie eine
   Zypresse.
Aber das wünsche ich dir;
daß du mit allem, was krumm ist an dir,
an einem guten Platz leben darfst und im Licht des Himmels,
daß auch, was nicht gedeihen konnte, gelten darf
und auch das Knorrige und das Unfertige an dir und deinem
Werk in der Gnade Gottes Schutz finden.

Jörg Zink

– Weitere Liedvorschläge:
„Einsam bist du klein" (*Text: Friedrich Karl Barth/Peter Horst; Musik: Peter Janssens*)
„Bewahre uns Gott" (*Text: Eugen Eckert; Musik: Anders Ruwth und Torsten Hempel*)
„Du bist da, wo Menschen leben" (*Text und Musik: Detlev Jöcker*)

Beate Vallendor

---

[1] Michael Ende, Momo, dtv München [8]1993, 35–37.

Feier der Taufe

• • Zur Situation

Die Geburt eines Kindes bedeutet für Frauen einen radikalen Einschnitt in ihrer Lebensbiographie. Aus einer ökonomisch selbständigen Frau, die durch ihre Berufsausübung eine gesellschaftlich anerkannte öffentliche Stellung inne hat, wird eine mehrfach abhängige Mutter, die – festgelegt auf den privaten unsichtbaren Bereich der Kleinfamilie – ihren Lebensstil nach einem Baby richten und in dieser Rolle von einem Mann finanziert werden muß. Aufgrund der derzeit angespannten wirtschaftlichen Lage steht ein erneuter Wechsel von der Rolle der Mutter und Hausfrau zur ökonomisch selbständigen Frau in den Sternen. In der Regel erlangt die Frau trotz Wiederaufnahme der Berufstätigkeit keine ökonomische Unabhängigkeit mehr. Sie verdient „dazu" und bleibt „einen Mann weit" von der Armut entfernt. Bei vielen Frauen geht der Geburt und Taufe ein oft jahrelanges Ringen zwischen Kinder- und Karrierewunsch voraus. Die Entscheidung für ein Kind bedeutet ein Abwägen mit knappem Ergebnis.

Der Übergang von der Frau zur Mutter bildet einen Riesenschritt, begleitet von Hoffnung für den neuen Lebensabschnitt, Angst vor einer Sackgasse und Trauer um die verlorene Zeit der Selbständigkeit. Frauen erleben auch, daß sie einen anderen Schwellengang zu bewältigen haben als ihr Partner. Für sie ist der Übergang mit einem viel immenseren Kraftaufwand und unabschätzbaren Folgen verbunden. Männer kriegen Kinder immer noch nebenbei. Dieser Unterschied steht auch zwischen den PartnerInnen, verbunden mit Gefühlen wie Neid, Wut und Sehnsucht.

Die Taufe ist in dieser Situation ein heikles Unternehmen. Eltern, besonders Frauen wollen in ihrer Krise, in der Ambivalenz ihrer äußeren und inneren Gefühle angenommen und ernst genommen werden. Die Taufe soll ihnen helfen, den Übergang zu vollziehen. Sie erfüllt diese Funktion, indem sie zum einen die Eltern in den Raum Gottes eintreten läßt – sie dürfen ihre neue Situation Gott anvertrauen und Verantwortung an Gott abgeben; zum anderen, indem sie die Eltern in den Raum einer Gemeinschaft von Menschen hineinnimmt, die diese Situation mittragen. In dieser Gemeinschaft wird die Lage der Eltern öffentlich und gleichzeitig in eine Tradition von Frauen und Männern hineingestellt, die ähnliche Situationen erlebt haben und erleben. In einer Gesellschaft, die wenig institutionelle Hilfe bietet, mit dieser Lebenssituation befriedigend umzugehen, kann die unterstützende und entlastende Funktion der Kirche besonders wertvoll sein. Diese Entlastung darf allerdings nicht dadurch unterlaufen werden, daß kirchlicherseits nur die christlichen Erziehungspflichten der Eltern einseitig betont werden.

● ● Zur Feier

Die Taufe gestaltet den Übergang zur Elternschaft nach und vollzieht ihn körperlich. Im Eintreten in die Kirche geschieht der Schwellengang in den Raum Gottes und einer Gemeinschaft von Menschen. Im Akt der Taufe wird das Kind erneut aus dem Wasser geboren, wobei Gott die Rolle der Elternschaft mitübernimmt. Die Eltern übergeben in der Taufe und im Bezeichnen des Kindes mit dem Kreuzzeichen das Kind Gott und entlasten sich damit. In dieser mit Gott geteilten Elternschaft läßt es sich für die Eltern besser leben. Die Ambivalenz des neuen Lebens zwischen Licht und Schatten, Freude und Leid kann leichter ertragen werden. Die christlichen Symbole Kreuz und Licht (Kerze) bringen diese zwei Seiten des neuen Lebens der Eltern zum Ausdruck; sie lassen sie zu und nehmen sie in den Raum Gottes hinein. Im Symbol des Chrisams übernimmt Gott die Elternschaft als zärtliche, pflegende und heilende Mutter.
Die Eltern übergeben das Kind und ihre neue Situation auch einer Gemeinschaft von Menschen, der Kirche. Diese Gemeinschaft ist heute weniger die Gemeinschaft einer konkreten Kirchengemeinde. Sie übernimmt eher eine Stellvertreterinfunktion für den Wunsch der Eltern dazuzugehören. Die Eltern wollen das Gefühl haben, daß sie auf die Kirche zurückgreifen können, wenn sie sie brau-

chen. Diese Versicherung ist ihnen in ihrer schwierigen Übergangssituation wichtig.

Trotz dieser hilfreichen Funktion löst die Taufe bei Frauen auch
ambivalente Gefühle aus. Der Raum der Kirche, den die Taufe für
das Kind und die Eltern anbietet, ist klassisch der Raum einer
patriarchal geprägten Kirche (Gottesbild, Leitungsstruktur). So stehen Frauen wieder einmal vor einer Entscheidung, deren Bedingungen ihnen vorgegeben sind.

Die Texte zur Tauffeier[1] versuchen, diese Situation der Eltern und
besonders der Frauen aufzunehmen und ihrem Bedürfnis, das sie
mit der Taufe verbinden, zu entsprechen. Sie reden von einem Gott
in weiblichen und männlichen Bildern und beschreiben ein offe-
nes Frauen- und Mutterbild. Formuliert wurden sie für eine Feier
mit zwei und mehr Kindern, wodurch die entlastende Funktion der
Taufe unterstrichen wird. Die Eltern erleben: Wir sind nicht allein.

Die Texte werden an alle Anwesenden ausgeteilt, so daß die Beteiligung während der Feier möglich ist. Die Eltern und PatInnen erhalten die Texthefte (DinA 5-Format) bei einem Vorbereitungstreffen
vor der Taufe, damit sie sich einstimmen können und genau wissen, was sie erwartet. Unserer Erfahrung nach entlasten die Texthefte[2] die Eltern vor und während der Taufe.

• • Ablauf der Feier

Empfang der Taufgemeinde
*Vor der Kirche empfangen der Leiter (Priester oder Diakon), even-
tuell pastorale MitarbeiterInnen und die MinistrantInnen die Taufgemeinde.*

---

[1] Vgl. Die Feier der Kindertaufe in den katholischen Bistümern des deutschen
Sprachgebietes, hrsg. im Auftrag der Bischofskonferenzen Deutschlands, Österreichs und der Schweiz und des Bischofs von Luxemburg, (Benziger/Herder/Pu-
stet/St. Peter/Veritas) Einsiedeln/Köln/Freiburg/Basel/Regensburg/Wien/Salzburg/
Linz 1971, besonders 27–50. Eine Neufassung der Feier der Kindertaufe erscheint
voraussichtlich 1998. Siehe dort: Taufe außerhalb der Messfeier.
[2] Die Idee und Grundlage der Texthefte bildeten die Materialien der Kirchengemeinde St. Martinus in Heilbronn-Sontheim/Horkheim.

Gebet

Leiter: Wir wollen gemeinsam beten.

Alle: Gott, unser Vater und unsere Mutter, du bist der Ursprung allen Lebens.

Du bist die Quelle, aus der unser Leben entspringt.

Du bist der Schoß, aus dem wir alle geboren wurden.

Wir kommen mit unserem neuen Leben zu dir und wünschen uns deine Zuwendung und Begleitung. Nimm uns auf in deine Mitte, wie eine Mutter ihre Kinder aufnimmt, und halte wie ein Vater deine schützende Hand über uns.

Gespräch

Leiter: Liebe Eltern, Sie möchten, daß ihr Kind getauft wird. Es soll in Gottes Schoß geborgen sein und zu den Schwestern und Brüdern Jesu gehören. Mit welchem Namen soll ihr Kind in die Gemeinschaft Jesu Christi aufgenommen werden?

Eltern: N.N./N.N.

Leiter: Wollen Sie Ihrem Kind von Gott erzählen, der wie ein Vater für dieses Kind sorgen will und der wie eine Mutter dieses Kind in ihrem Schoß bergen will, so wie er für Jesus Vater und Mutter war?

Eltern: Ja, das wollen wir.

Leiter: Versprechen Sie, stets die göttliche Würde Ihres Kindes zu achten und ihm treu zu bleiben, was immer die Zukunft auch bringen mag?

Eltern: Ja, wir versprechen es.

Leiter: Liebe Patinnen und Paten. Sie wollen dieses Kind auf seinem Lebensweg begleiten – als Freundin und Freund, als Schwester und Bruder im Glauben. Ich möchte Sie fragen: Versprechen Sie, soweit es in Ihrer Macht steht, zum Lebensglück ihres Patenkindes beizutragen?

PatInnen: Ja, wir versprechen es.

Leiter: Liebe Eltern. Wir als Kirchengemeinde, zu der Sie gehören, wollen Ihr Kind auf dem Weg des Lebens und Glaubens begleiten, soweit wir es können: durch den Kindergarten, durch kind-gemäße Gottesdienste, durch den Religionsunterricht und durch den gelebten Glauben der Gemeinde. Wir wollen auch Sie begleiten in ihrem Mutter- und Vatersein, aber auch in Ihrem Frau- und Mannsein.

Bezeichnung mit dem Kreuzzeichen
Leiter: N.N./N.N., mit großer Freude nimmt Dich unsere Kirchengemeinde auf. In ihrem Namen bezeichne ich Dich mit dem Zeichen, das uns am stärksten an Jesus Christus, den Sohn Gottes, erinnert: mit dem Zeichen des Kreuzes. Du sollst ein Kind Gottes sein.
Deine Eltern und Verwandten, Patinnen und Paten werden Dir ebenfalls dieses Zeichen geben.
Die Eltern, Verwandten und PatInnen bezeichnen das Kind ebenfalls mit dem Kreuz.

Einzug
Leiter: N.N./N.N., tritt ein in dieses Gotteshaus. Sei willkommen in der Gemeinschaft der Kirche. Tritt ein in die Geborgenheit unseres Gottes.
Danach geleitet der Leiter der Taufe die Familien in die Kirche als Zeichen der Aufnahme der Kinder in die Kirche Jesu Christi. Die Taufgemeinde nimmt Platz.

Lesung – kurze Ansprache – Lied

Gebet der Gemeinde
LeiterIn: Segne dieses Kind und hilf uns, ihm zu helfen,
daß es sehen lernt mit seinen eigenen Augen
Alle: das Gesicht seiner Mutter und die Farben der Blumen,
und den Schnee auf den Bergen und das Land der Verheißung.
LeiterIn: Segne dieses Kind und hilf uns, ihm zu helfen,
daß es hören lernt mit seinen eigenen Ohren
Alle: auf den Klang ihrer Namen, auf die Wahrheit der Weisen,
auf die Sprache der Liebe und das Wort der Verheißung.

LeiterIn: Segne dieses Kind und hilf uns, ihm zu helfen,
daß es greifen lernt mit seinen eigenen Händen
Alle: nach der Hand seiner Freunde, nach Maschinen und Plänen,
nach dem Brot und den Trauben und dem Land der Verheißung.

LeiterIn: Segne dieses Kind und hilf uns, ihm zu helfen,
daß es reden lernt mit seinen eigenen Lippen
Alle: von den Freuden und Sorgen, von den Fragen der Menschen,
von den Wunden des Lebens und dem Wort der Verheißung.

LeiterIn: Segne dieses Kind und hilf uns, ihm zu helfen,
daß es gehen lernt mit seinen eigenen Füßen
Alle: auf den Straßen der Erde, auf den mühsamen Treppen,
auf den Wegen des Friedens und in das Land der Verheißung.

LeiterIn: Segne dieses Kind und hilf uns, ihm zu helfen,
daß sie lieben lernen mit ihrem ganzen Herzen.
Alle: Amen.

Lothar Zenetti

Versammlung um den Taufbrunnen – Lobpreis und Anrufung Gottes über dem Wasser

Die Taufgemeinde zieht zum Taufbrunnen.

LeiterIn: Gott, du Quelle allen Lebens. Du läßt dieses Wasser zur
Lebensquelle für unsere Kinder werden.
Wir loben dich.
Alle: Wir preisen dich.

LeiterIn: Gott, du Schöpfer der Welt. Du schenkst uns durch das
Wasser der Taufe dein Leben und deine Würde.
Wir loben dich.
Alle: Wir preisen dich.

LeiterIn: Gott, du Mutter aller Menschen. Du führst uns zusammen
zu einer Gemeinschaft um unseren Bruder Jesus Christus.
Wir loben dich.
Alle: Wir preisen dich.

LeiterIn: Gott, du Schoß, in dem wir geborgen sind. Du erfüllst uns

mit dem Geist deiner Liebe.
Wir loben dich.
Alle: Wir preisen dich.

LeiterIn: Gott, du Freundin der Menschen. Du sendest uns als deine Zeuginnen und Zeugen in die Welt.
Wir loben dich.
Alle: Wir preisen dich.

LeiterIn: Gott, seit Menschengedenken ist das Wasser ein Bild für das Leben. Wir bitten dich: Segne dieses Wasser, das für die Taufe bestimmt ist, und schenke denen, die damit getauft werden, dein Leben in Fülle.

Glaubensbekenntnis der Eltern und PatInnen und der Gemeinde
Leiter: Liebe Eltern, Paten und Patinnen, wir bitten Sie, Ihren Glauben an Gott öffentlich zu bekennen. Wir als Taufgemeinde werden in Ihr Glaubensbekenntnis miteinstimmen.

Eltern, PatInnen und Alle:
Ich glaube an Gott, den Vater,
der Frau und Mann nach seinem Bilde schuf,
beiden die Welt anvertraut hat
und sah, daß es gut war,
der die Erlaubnis einer Frau erbat,
um das Werk seiner Erlösung durchzuführen.

Ich glaube an Jesus Christus,
Gottes Sohn, von einer Frau geboren,
der die Frauen hörte und achtete
und sie vor den anklagenden Männern beschützte,
der Jüngerinnen um sich hatte,
die ihm nachfolgten und dienten,
der zuerst Maria Magdalena und den Frauen erschien
und sie zu den Jüngern sandte,
um ihnen die frohe Botschaft der
Auferstehung zu verkünden.

Ich glaube an den Heiligen Geist,

Atem und Anfang des Lebens,
der über Frauen und Männer
am Pfingstmorgen ausgeschüttet wurde
und der die Kirche zur Gleichberechtigung hinführt,
denn alle Frauen und Männer
sind „eins in Christus".

Bekenntnis der Campanha da Fraternidade[3]

Spendung der Taufe

Leiter: N.N./N.N., ich taufe dich im Namen des Vaters und des Sohnes und des Heiligen Geistes.

Lied – *Die Taufgemeinde zieht zu den Sitzplätzen zurück.*

Salbung mit Chrisam
Leiter: N.N./N.N., Gott ruft Dich zu einem Leben in Fülle. Du sollst ein eigener Mensch werden mit Deinen Stärken und Schwächen, mit Deinen Fähigkeiten und Grenzen. Gott stärke Dich, daß Dein Leben gelingen möge. Die Gemeinschaft der Kirche möchte Dir beistehen, daß Du ein glücklicher Mensch wirst. Deshalb salbe ich Dich jetzt mit Chrisam: im Namen des Vaters und des Sohnes und des Heiligen Geistes.

Gott gebe Dir Mut und Lust zum Leben. Er wecke in Dir den Glauben an Dich, den Glauben an Deine Mitmenschen und den Glauben an die Quelle allen Lebens, an Gott.

Taufkerze

Leiter oder pastorale MitarbeiterIn lädt ein, die Taufkerze an der Osterkerze zu entzünden.

LeiterIn: Die brennende Kerze angezündet an der Osterkerze sei Dir, N.N./N.N., Zeichen, daß Gott als Licht mit Dir ist. So wie Jesus Christus den Menschen zum Licht geworden ist, so sei er Licht auf Deinem Lebensweg.

---

[3] aus: Misereor (Hg.), Missionsmagazin Kontinente, Nr. 3/90.

Werde Du selbst Licht für die Menschen, denen Du im Leben begegnest.
Alle: Amen.

Lied – Fürbitten – Vater unser

Segen

LeiterIn: Gott, unser Vater und unsere Mutter,
du Ursprung allen Lebens,
du Schoß, aus dem wir alle geboren sind,
segne diese Kinder und halte deine schützende Hand über sie.

LeiterIn: Gott, unsere Freundin und unser Freund,
du Quelle unseres Lebens,
du Nahrung, aus der wir Lust und Liebe erhalten,
segne diese Mütter und Frauen,
segne diese Väter und Männer
und strecke deine begleitende Hand nach ihnen aus.

LeiterIn: Gott, unser Vater und unsere Mutter,
du Licht unseres Lebens,
du Quelle, aus der wir alle gestärkt werden,
segne diese Patinnen und Paten,
segne alle Verwandten, Freundinnen und Freunde
und fange sie auf mit deinen bergenden Händen.

Leiter: Das gewähre Euch der beziehungsreiche dreieinige Gott,
der Vater, der auch Mutter ist,
der Sohn, der unser Bruder ist,
und der Geist, der uns in vielen Gestalten entgegenkommt.
Alle: Amen.

Lied

Christiane Bundschuh-Schramm und Annette Ries

Ritual zur ersten Menstruation

* • Zur Situation

Alle Frauen „haben es", aber kaum eine spricht darüber. Alle Mädchen „kriegen es", aber immer noch werden zu wenige Mädchen damit so vertraut gemacht, daß sie ihre Menstruation mögen und als einen schönen Schritt zu ihrem Frausein erleben können. Ein Ritual zur ersten Menstruation soll daher den Mädchen und den Müttern helfen, das neue Ereignis im Leben eines Mädchens positiv zu integrieren. Mädchen, Mütter, Schwestern und Freundinnen sollen sich darüber freuen können und den körperlichen Zyklus feiern.

* • Zum Ritual

Das Ritual will den Übergang vom Mädchen zur Frau symbolisch nachgestalten, indem ein Ortswechsel von einem weißen in ein rotes Zimmer geschieht. Das Mädchen soll erfahren, daß es bei diesem Übergang von der eigenen Mutter, eventuell von Geschwistern, von Freundinnen und deren Müttern, von Tanten und Großmüttern begleitet wird. In der Regel werden manche der Freundinnen (oder Schwestern) die Menstruation schon haben und manche noch nicht. In diesem Ritual sind Frauen aller Altersstufen und Lebenssituationen Begleiterinnen des betreffenden Mädchens. Für die Mädchen, die ihre erste Menstruation noch vor sich haben, kann dieses Ritual die Funktion haben, daß sie sich selbst auf ihre Menarche und vielleicht ein eigenes Ritual freuen können. Für die anderen steht eventuell im Vordergrund, daß sie ihre Erfahrungen mit Menarche und Menstruation weitergeben können.
Die eingeladenen Großmütter, Mütter, Tanten und Freundinnen werden gebeten, je einen Wunsch für das Mädchen mitzubringen und ihn aufzuschreiben bzw. durch ein Geschenk auszudrücken.
Im weißen Zimmer – dem Zimmer des Mädchens – liegt in der Mitte ein großes weißes Tuch, auf dem Spielsachen, Stühle, Schulran-

zen oder andere Dinge stehen können. Das weiße Tuch fungiert als Teppich, um dem Zimmer einen weißen Charakter zu geben. Als rotes Zimmer läßt sich das Wohn- oder Eßzimmer gestalten, oder auch das Zimmer der Mutter, einer älteren Schwester oder einer Freundin, die in der Nähe wohnt. Im roten Zimmer liegt in der Mitte ein großes rotes Tuch, das zum Beispiel in der Form eines Dreiecks gefaltet wird. Auf dem Tuch befinden sich viele rote Dinge wie rote Grütze, rote Stifte, rote Beeren, Tomaten, rote Blumen, rötlicher Saft, eine rote Kerze. Rote Gegenstände aus dem Besitz des Mädchens können ebenfalls darunter sein. Manches soll der Dekoration dienen und einiges eßbar sein. Die Stühle werden um das rote Tuch gestellt. Ein Stuhl ist besonders geschmückt.

Wenn es nicht möglich ist, die Feier in zwei Zimmern abzuhalten, können auch die roten Gegenstände nach und nach in das weiße Zimmer gebracht werden.

Das folgende Ritual entstand auf einer Liturgiewerkstatt in einer Werkstattgruppe als Menstruationsritual. Die Idee ist von Luisa Francia[1] inspiriert. Für die Veröffentlichung wurde die Vorlage als Menarcheritual überarbeitet.

Das Ritual wird von der Mutter des Mädchens oder einer anderen Frau, die dem Mädchen nahesteht, geleitet.[2]

• • Ablauf des Rituals

Im weißen Zimmer eintreffen

Alle eingeladenen Verwandten, Freundinnen und Mütter treffen sich im Zimmer des Mädchens, die ihre erste Menstruation feiert. Das Mädchen zeigt den Gästen ihr Zimmer. Alle können sich unterhalten, miteinander spielen, Musik hören. Es gibt weiße Gerichte zur Begrüßung, so z.B. Bananenmilch, weiße Pfirsiche oder Pralinen mit weißer Schokolade.

---

[1] Vgl. Luisa Francia, Drachenzeit, (Frauenoffensive) München 31991.
[2] Unser Vorschlag ist als reines Frauenfest konzipiert. Dafür, Brüder, Väter und andere männliche Bekannte und Verwandte in ein Menarchefest mit einzubeziehen, gibt es ebenfalls viele gute Gründe. Die letzte Entscheidung, wer eingeladen wird, liegt bei dem Mädchen selber.

Die Zeit im weißen Zimmer kann auch genutzt werden, den Wunsch an das Mädchen zu überlegen und/oder aufzuschreiben. Wenn die Leiterin das Gefühl hat, daß alle innerlich angekommen sind, begrüßt sie im Namen des Mädchens alle Gäste, nennt den Anlaß der Feier und erklärt kurz den folgenden Ablauf. Eventuell ist es sinnvoll, die Bedeutung der Farbe weiß als Farbe des Mädchens bzw. der jungen Frau zu erklären. Sie lädt alle ein, zusammen mit dem Mädchen den Übergang von einem Kind zu einer werdenden Frau zu gehen – symbolisch vom weißen ins rote Zimmer.

Alle machen sich auf den Weg.

Im roten Zimmer ankommen
Die Leiterin lädt das Mädchen ein, sich auf den besonders geschmückten Stuhl zu setzen. Dann bittet sie alle, um das rote Tuch Platz zu nehmen.

Die Teilnehmerinnen werden eingeladen, die Mitte zu betrachten. Jede kann spontan sagen, was ihr am besten gefällt oder welche Assoziationen sie hat.

Die Leiterin erklärt die Verbindung der Farbe rot mit dem Menstruationsblut und bittet alle anwesenden Frauen, dem Mädchen zu erzählen, welche Erinnerungen sie noch an ihre erste Menstruation haben, wie sie sich (damals) gefühlt haben und wie es (damals) für sie war.

Bei meditativer Musik läßt die Leiterin genügend Zeit, damit alle ihre Erfahrungen lebendig werden lassen und überlegen können, was sie erzählen wollen.

Anschließend darf das Mädchen erzählen, wie die erste Menstruation für sie war, und welche Hoffnungen und Ängste sie damit verbindet.

Zuspruch erfahren
Die Leiterin lädt alle ein, dem Mädchen die mitgebrachten Wünsche und Geschenke zu sagen und zu überreichen. Die einzelnen Anwesenden lesen sie nacheinander vor und legen sie in den Schoß des Mädchens. Diese Wünsche können beispielsweise auf Papier in verschiedenen Rottönen stehen. Dazwischen singen alle das Lied „Werde, die du bist."

„Werde, die du bist"

Text: Christiane Bundschuh-Schramm; Musik: Michael Schramm

Entspannungsübungen für die Zeit der Menstruation austauschen

Die Leiterin bittet die Freundinnen und Verwandten, entspannende Übungen anzuleiten oder andere Tips zu geben, die während der Menstruation wohltuend und hilfreich sein können.

Solche Vorschläge können sein:

- Eine sanfte Kreuzbein-Massage, Dauer 5–10 Minuten, je nachdem, wie es für die menstruierende Frau angenehm ist;
- ein warmes Voll- oder Sitzbad, evtl. mit Duftölen wie z.b. Kamille, Immortelle, Schafgarbe oder Lavendel (entgegen einer immer noch weit verbreiteten Vorstellung schadet ein Bad während den Tagen der Blutung nicht);
- Kräutertee (Frauenmanteltee oder fertige Frauentee-Mischungen);
- Wärme, z.B. durch eine Wärmflasche (auf Bauch und/oder Kreuzbein);
- den Schmerz zu äußern, zu stöhnen und zu jammern;
- Hocksitz: Die Beine werden etwas gegrätscht gestellt, frau geht in die Hocke, so daß das Becken frei hängen kann. Atmen nicht vergessen.

Die Bedeutung der eigenen Menstruation malen

Die Leiterin oder das Mädchen lädt alle ein, ein Bild für sich (oder als Geschenk für das Mädchen) zu malen, das die Beziehung zur eigenen Menstruation ausdrückt. Jede erhält ein Blatt und viele rote und andere Farben. Zum Malen sollten etwa 20 Minuten Zeit sein. Danach kann jede, die möchte, erzählen, was sie gemalt hat und/oder wie es ihr beim Malen ging.

Die Kraft Gottes spürbar werden lassen

Das Lied „Du Gott stützt mich" wird eingeübt.
Alle bilden im Stehen einen Energiekreis. Jede legt beide Hände auf ihr Kreuzbein. Da das Kreuzbein nicht offensichtlich ist, bietet sich an, daß eine Frau erklärt und zeigt, wo es ist. Das Kreuzbein (lateinisch „os sacrum" = „heiliger Knochen") gilt als größter Vitalitätsraum und zugleich als größter Raum der Ruhe. Im Kreuzbeinbereich befinden sich viele Akupunktur- bzw. Akupressurpunkte der Gebärmutter. Die Wärme durch die aufliegenden Hände tut gut und setzt Energie frei in einem Ort des Körpers, an dem wir sie oft blockieren. Dazu singen alle das Lied.
Dann legen alle ihren Nachbarinnen rechts und links die Hand auf das Kreuzbein und stützen sie. Das Lied wird gesungen und alle wiegen sich im Takt hin und her.

„Du Gott stützt mich"

Kanon und Körperhaltung: Dorothea Schönhals-Schlaudt

Das Mädchen segnen
Segen für junge Töchter

alles hast du geboren
göttliche Schöpferin Liebe
du bringst ohne Ende Leben
zur Welt

heute erlebt sich das Mädchen
zum ersten Mal als Frau
sie erlebt
durch ihr weibliches Blut
daß sie Schöpferin neuen Lebens
werden kann

segne sie mit Freude und Mut
du teilst ihr weibliche Würde und
weibliche Kräfte mit
segne, heilige Lebensspenderin
deine junge Tochter
mit Selbstbewußtsein und Zuversicht
laß sie in ihrem Zyklus Bewegung und
Wachsen des eigenen Lebens
erspüren
laß sie in ihrem Zyklus Erde und
Himmel verbunden sein

heute feiern wir mit unsrer Tochter
mit unsrer Freundin und Schwester
dich, göttliche Freundin und
unser Frausein

Christa Peikert-Flaspöhler

Miteinander feiern
Das Ritual findet seinen Abschluß in einem gemeinsamen Essen. Alles auf dem roten Tuch, das eßbar ist, soll jetzt miteinander verzehrt werden. Die Teilnehmerinnen können gemeinsam alle Nahrungsmittel zu einem Eßtisch bringen, der bereits gedeckt ist, und dort das Mahl halten. Selbstverständlich können noch weitere Le-

bensmittel ergänzt werden – auch solche, die nicht rot sind. Eine Möglichkeit besteht auch darin, weiße und rote Lebensmittel zu kombinieren, die die Übergangssituation vom Mädchen zur Frau symbolisieren, z.b. rote Grütze mit Vanillesoße, Spaghetti und Tomatensoße, Eis in verschiedenen Farben bzw. Eis mit Früchten usw.

Ins weiße Zimmer mit roten Dingen zurückkehren
Die roten Gegenstände aus dem Besitz des Mädchens werden feierlich in das weiße Zimmer (zurück)gebracht. Die Gäste werden von dem Mädchen und ihrer Mutter verabschiedet.

Mechthild Herberhold und Christiane Bundschuh-Schramm
zusammen mit Elisabeth Hummel

• • •

Feier zum Auszug aus dem Elternhaus

• • **Zur Situation**

Erwachsenwerden braucht Zeit. In unserer westlichen Gesellschaft sind junge Menschen mit 18 Jahren volljährig. Zu diesem Zeitpunkt sind die wenigsten wirtschaftlich unabhängig und fühlen sich selber erwachsen und selbständig.
Die Phase des Erwachsenwerdens zieht sich über einen langen Zeitraum, der etwa zwischen 18 und 30 liegt.
Ein Kriterium für Erwachsensein ist die Loslösung von der Herkunftsfamilie, die mit dem Auszug aus dem Elternhaus eingeläutet wird. Egal aus welchem Anlaß, ob mit 18 oder 32, dieser Schritt ist für Eltern und für die/den Heranwachsende/n ein schmerzlicher Prozeß.
Selbst, wenn der Auszug im Streit erfolgt oder in gegenseitigem Einvernehmen, ja vielleicht sogar von beiden Seiten ersehnt wurde, ist es eine große Umstellung, die Gewohntes beendet. Neben Vorfreude auf das Neue begleiten auch Abschied und Trauer diesen Schritt. Er hat etwas endgültiges, ist wie ein kleiner Tod.

„Ich hatte das Gefühl, nun bin ich ganz allein auf der Welt", beschrieb mir Mirjam ihr Empfinden, als ihre Eltern darauf drängten, daß sie nun mit 18 in eine WG ziehen sollte, obwohl auch sie das schon immer wollte.
Neben diesem schweren Teil ist da natürlich die Spannung auf das Neue – auf all' die Möglichkeiten und Freiheiten, die dieser Schritt bietet.

• • Zur Feier

Die Feier ist sehr persönlich, und es ist gut in einem kleinen Kreis mit vertrauten Menschen zu feiern, vor denen auch Tränen fließen dürfen.
Sie hat drei Teile:
– eine Vorbereitungsphase
– ein Loslösungsritual
– ein Stärkungs- und Abschiedsmahl
Die Feier findet im elterlichen Haus, möglichst am Vorabend des Auszugs statt.
Die Eltern und die/der Heranwachsende kochen gemeinsam und decken den Tisch. Nach und nach kommen die Gäste dazu.
Jede/r Anwesende bringt ein Stoff(Geschenk)band mit, das ihre/seine Beziehung zu der/dem Ausziehenden symbolisiert. (Die Bänder können auch bereitliegen und ausgesucht werden.)
Außerdem bringen die Gäste Abschiedsgeschenke, die Verbundenheit ausdrücken, mit, wie z.b. eine Adreßkartei, eine Telefonkarte, Briefpapier.
Die Elemente der Feier werden besprochen und verteilt.

• • Ablauf der Feier

Beginn:
Der Kreis der (erweiterten) Familie wird geschlossen, indem sich alle Anwesenden an der Hand fassen. Die/der Ausziehende begrüßt alle zu dieser Abschiedsfeier.

Lied:

„Turn, Turn, Turn" – singen oder anhören

To ev – 'ry   thing (turn,   turn,   turn) there   is   a   sea – son

(turn,   turn,   turn) And a   time for ev – 'ry   pur – pose un – der

heav – en.   1. A time   to be   born, a time to   die; a time to
2. A time   to   gain, a time to   lose, A time to

plant, a time to   reap; A time to   kill,   a time to   heal; a time to
rend, a time to   sow, A time of   love,   a time of   hate, A time of

laugh,   a   time   to   weep.
peace   I   swear,   its   not too   late.

Text nach Kohelet adaptiert und Musik von: Pete Seeger

Text:

„Alles hat seine Zeit"

Alles hat seine Stunde. Für jedes Geschehen unter dem Himmel gibt es eine bestimmte Zeit:
eine Zeit zum Gebären und eine Zeit zum Sterben,
eine Zeit zum Pflanzen und eine Zeit zum Abernten der Pflanzen,
eine Zeit für die Klage und eine Zeit für den Tanz,
eine Zeit zum Suchen und eine Zeit zum Verlieren,
eine Zeit zu umarmen und eine Zeit, die Umarmung zu lösen.
(nach Kohelet)

Eltern:

Liebe/r ... (Name)!
Die Zeit ist gekommen, in der Du Dich von unserer Familie löst und immer mehr Deine eigenen Wege gehst. Viele Jahre haben wir mit Dir gelebt und alle Deine Entwicklungen miterlebt und begleitet. Dies war eine reiche Zeit, und auch wenn es für uns manchmal anstrengend war, wie Du uns gefordert hast, möchten wir die Zeit nie missen. Wir danken Dir für alle Lebendigkeit, die wir durch Dich erfahren haben.

Tochter/Sohn:

Für mich ist die Zeit gekommen auszuziehen, und obwohl ich mich sehr auf das Neue freue, habe ich auch Angst vor diesem Schritt. Wie wird es sein, wenn Ihr nicht mehr selbstverständlich da seid? Werde ich am neuen Ort Freunde und Menschen finden, die mir Wärme geben und mich verstehen?
Kann ich mir selber Heimat geben?

Lied:

„Verschiedene Wege"

Text/Musik: Dorothea Schönhals-Schlaudt und Bernd Schlaudt

Ritual:

Die Eltern und die Tochter/der Sohn nehmen ein gemeinsames Band in die Hand.

Eine Freundin:

Bisher war diese Verbindung die intensivste und wichtigste.
Wenn Kinder heranwachsen, knüpfen sie ihre eigenen Verbindungen und suchen sich weitere Vertrauenspersonen. Das Band der Familie ist erweitert durch Freundinnen und Freunde, durch Verwandte und gute Bekannte.

Wir knüpfen an an das Band der Familie und machen das Beziehungsnetz von (Name) sichtbar.
Mit den Bändern knüpfen die Mitfeiernden an das Band zwischen Eltern und Tochter/Sohn an.

Ein Freund:
Dieses Netz ist ein Zeichen für die Zukunft: Mögest Du mit denen verbunden bleiben, die Du liebst, und mögen neue Menschen dazukommen, die Dich mögen und stärken.

Eltern:
Wir sind weiterhin Deine Eltern, die Dich lieben und unterstützen, wo Du uns brauchst. Aber Du bist frei, Deine Wege zu gehen und Dein Leben so zu gestalten, wie Du es für richtig hältst.
Als Zeichen, daß wir Dich in Zukunft als erwachsenes Kind sehen, bieten wir Dir an, uns bei unseren Vornamen zu nennen, so wie du Deine Freunde nennst.
Wir freuen uns, wenn Du uns besuchst, unseren Rat einholst und Kontakt mit uns pflegst. Auch wir wollen Deine neue Umgebung kennenlernen und weiterhin an Deinem Leben Anteil nehmen.

Lied:
„Das wünsch ich sehr, daß immer eine/r bei mir wär" *(Text: Kurt Rose; Musik: Detlef Jöcker)*

Freundin:
Wenn jemand aufbricht in ein neues Land, ist Gott ihm oder ihr besonders nahe.
In der biblischen Geschichte von Abraham und Sarah verheißt Gott allen, die ihm vertrauen, Großes und Unglaubliches.
Wir hoffen, daß du voll Vertrauen und Zuversicht aufbrechen kannst und wollen um den Segen Gottes bitten:

Alle:
Sei gesegnet, wenn du deine Schritte in unbekanntes Land tust.
Sei gestärkt, wenn du Schwierigkeiten hast und dich alleine fühlst.
Sei getröstet, wenn nicht alles so ist, wie du es dir vorgestellt hast,

denn aller Anfang ist schwer.
Sei gehalten in der Liebe Gottes und durch unsere Freundschaft,
damit du wachsen und leben kannst.
Sei beschenkt mit dem Zauber, der jedem Anfang innewohnt und
der dich beschützt und dir hilft zu leben.
Amen.

Abschluß:
Die/der Ausziehende wird beschenkt mit Dingen, die Verbunden-
heit ausdrücken. Die Eltern überreichen etwas aus der elterlichen
Wohnung, das an die Geborgenheit des Elternhauses erinnert, z.B.
eine Wolldecke oder eine Pflanze.
Nun stärken sich alle beim gemeinsamen Essen.

Jutta Schnitzler-Forster

• • •

Ritual zum Führerscheinerhalt

• • **Zur Situation**

Nach einer Statistik des Kraftfahrt-Bundesamtes hat sich in den
letzten vierzig Jahren die Erteilung von Fahrerlaubnissen der Klasse
3 im gesamten Bundesgebiet fast verdoppelt. Darunter hat sich die
Vergabe an weibliche Personen ungefähr verdreifacht. Seit Anfang
der 80er Jahre ist der Erwerb einer Fahrerlaubnis bei den Ge-
schlechtern gleichhäufig.
Inzwischen erhalten jährlich ca. 1,3 Millionen überwiegend junge
Menschen im Alter von 18–21 Jahren ihren Führerschein. Dafür
müssen sie einiges investieren. Viele erarbeiten sich das Geld entweder in ihrem regulären Beruf oder aber in Aushilfsjobs in den
Ferien und zum Teil sogar während der Schulzeit. Immer weniger
können für sich den Slogan „sponsord by Daddy" Wirklichkeit wer-

den lassen. Doch mal abgesehen von dem finanziellen Aspekt steckt hinter dem Erwerb des Führerscheins auch eine Menge Zeit, die für das Lernen der Verkehrsregeln und -bestimmungen und für die Fahrstunden selber benötigt wird. Trotz all dieser immer höheren Anforderungen geht der Wunsch, einen Führerschein zu erwerben, nicht verloren.

Was macht den Reiz und die Wichtigkeit dieses Papiers aus? – Ist es noch immer das, was James Dean im Film „...denn sie wissen nicht, was sie tun" erlebnishungrigen Jugendlichen vorführt; wie man sich am Steuer in gewagten Mutproben beweisen und Frust, Aggression und Langeweile im Auto ausleben kann?

Die erschreckende Bilanz so mancher Unfallstatistik (jeder vierte Tote durch Verkehrsunfälle ist bei den 18–24jährigen Fahranfängern zu beklagen) legt die Vermutung nahe, daß sich auch Jahrzehnte, nachdem der Film zum erstenmal in den Kinos lief, Jugendliche von heute an den Idolen von damals orientieren.

Doch dieser Aspekt allein reicht nicht aus, um die wirkliche Bedeutung des Führerscheins für junge Menschen erschöpfend darzustellen. Es handelt sich dabei um einen zu geringen Prozentsatz. Außerdem wird sich die Aufsplitterung und Ausdifferenzierung innerhalb der Personengruppe weiter fortsetzen. Es gibt Unterschiede in der Bewertung des Führerscheins zwischen Männern und Frauen, zwischen jungen Erwachsenen aus dörflichen oder städtischen Wohnverhältnissen.

Unter Berücksichtigung dieser Gegebenheit ist es sinnvoll, Kontakt zu dem möglichen Personenkreis aufzunehmen, um die tiefere Bedeutung des Führerscheins für die einzelnen zu ermitteln, ihn aus der scheinbaren Selbstverständlichkeit herauszuheben, Neugierde und Interesse zu wecken und um auf diese Weise einen persönlichen Zugang zum Ritual eröffnen zu können. Hilfreich kann bei der Erhebung eine Fragebogenaktion in der Schule, in einer Jugendgruppe oder in den Fahrschulen vor Ort sein.

Entwurf eines möglichen Fragebogens

Angaben zur Person:

❏ männlich   ❏ weiblich
❏ Stadt   ❏ Dorf
❏ 17–21 Jahre   ❏ älter

Kreuzen Sie bitte fünf der für Sie treffendsten Äußerungen an, bzw. ergänzen Sie die Liste um Ihre persönliche Meinung in bezug auf die Bedeutung des Führerscheins, wenn Sie diese hier nicht vertreten finden.

❏ In der heutigen Zeit ist der Führerschein das Selbstverständlichste überhaupt.
❏ Mit dem Führerschein bin ich ungebundener und freier.
❏ Mobilität erreiche ich eben eher mit dem Auto als mit dem Bus.
❏ Mit dem Führerschein lebe ich unabhängiger.
❏ Mir wird mit diesem Papier mein Leben und das Leben anderer Menschen in die Hände gelegt.
❏ Der Führerschein stellt eine zusätzliche Gefahr für die Umwelt und besonders für die Tiere dar.
❏ Mit dem Führerschein übernehme ich Verantwortung.
❏ Für meinen Beruf ist ein Führerschein unerläßlich.
❏ Der Führerschein ist eine Erleichterung in meinem Alltag.
❏ Mit dem Führerschein stehen mir alle Türen offen.
❏ Durch den Führerschein lerne ich meine Grenzen kennen.
❏ Meinem grauen Alltag kann ich so leichter entfliehen.
❏ Der Führerschein ist für mich ein Zeichen, daß ich nun erwachsen und selbständig bin.
❏ Alle in meinem Freundeskreis machen diesen Schein.
❏ Ohne Führerschein ist man nur ein halber Mensch.
❏ Der Führerschein macht mir manchmal ein bißchen Angst.
❏ Mit dem Führerschein lebt man gefährlicher.
❏ …

In den Äußerungen über die Bedeutung des Führerscheins kommen ganz zentrale Themen zum Vorschein, die sowohl mit der Lebenssituation des Menschen als auch mit der biblischen Botschaft in enger Verbindung stehen. Dazu gehört das Bedürfnis nach Eigen- und Selbständigkeit, nach Schutz und Sicherheit, nach Unabhängigkeit und Freiheit, nach Selbstbestätigung und Anerkennung, nach Macht und Verantwortung. Einher geht damit ein Gefühl für die eigenen Grenzen und Möglichkeiten, für Leben und Tod. Diese Elemente, die beim Erhalt des Führerscheins vielleicht auch nur im Unterbewußtsein mitschwingen, gilt es aus der scheinbaren Selbstverständlichkeit ans Licht zu heben und in einer Art „Erlebnisreise" im Ritual erfahrbar zu machen und eine Brücke zu schlagen zur christlichen Botschaft. Dafür werden exemplarische biblische Erzählungen vorgeschlagen, die gemeinsam gelesen, meditiert oder besprochen werden können.

Zum Ritual

Für die Teilnahme von jungen Erwachsenen, die im Alter von 18– 21 Jahren das Hauptklientel für ein Ritual zum Führerscheinerhalt bilden und in den meisten Fällen wahrscheinlich keinen Kirchenbezug haben, ist es von nicht zu unterschätzender Bedeutung, daß ein solches Ritual eine Art Happening-Charakter erhält. Das heißt, es muß in einer größeren Gruppe begangen und über einen längeren Zeitraum von einem Tag bis hin zu einem Wochenende gefeiert werden.

Ablauf des Rituals

Eine Erlebnisreise

Alle Interessierten, die im vergangenen Jahr ihren Führerschein erhalten haben, werden zu einer Tour mit einem (ihrem) Auto eingeladen. Bei dieser Tour wird es darum gehen, die oben genannten, oft unreflektierten Bedeutungsinhalte des Führerscheins erfahrbar zu machen. Dafür werden im folgenden verschiedene Bausteine (Stationen) angeboten, die nach der Auswertung der Fragebögen, nach Ort- und Zeitvorgaben, nach Intention und Spezifikation zu variieren und zu erweitern sind.

Stationen der Erlebnisreise zu den Bedeutungsinhalten

(1) Selbstbestätigung und Anerkennung: *(Jes 49,1)*
Heutzutage gibt es für alles mögliche Bescheinigungen und Zertifikate. Doch diese Papiere sind für mich wertlos, wenn sie nicht auf meinen Namen ausgestellt sind. Diese Scheine können getrost verbrannt werden. Nicht dem Feuer preisgegeben wird der Schein, der auf den eigenen Namen ausgestellt ist, und für den jede/r so viel investiert hat.
Diese Scheine, die vorher eingesammelt wurden, sind ausgestellt auf die Namen ... Die Namen werden laut vorgelesen und jede/r erhält den persönlichen Führerschein zurück.

(2) Macht und Verantwortung: *(Ex 13,17–21)*
In dem Wort Führerschein steckt das Wort „führen". Dieser Begriff meint mehr als „fahren"; er beinhaltet den Auftrag, verantwortungsvoll mit dem Auto umzugehen – die Augen und Ohren offenzuhalten für das, was um einen herum geschieht.
Eine gute Übung könnte bei dieser Station sein, eine andere Person, deren Augen verbunden sind, durch ein schwieriges Gelände zu führen.

(3) Eigen- und Selbständigkeit: *(Ex 31,18ff o. Mk 2,1ff)*
Sicherlich trägt der Führerschein in nicht unerheblichem Maß zur persönlichen Selbständigkeit bei; doch er ist bestimmt nicht der Auslöser auf dem Weg dort hin und sollte auch nicht als solcher gedeutet und mißverstanden werden. Sonst mißt man ihm eine Bedeutung zu, die ihm nicht zukommt.
Auf dem Weg zur Eigenständigkeit haben uns Menschen begleitet und geleitet, denen in Form einer an sie adressierten Postkarte gedankt werden kann.

(4) Unabhängigkeit und Freiheit: *(Dtn 34,1-8)*
Um diesem Gefühl etwas näher zu kommen, könnte ein Aussichtspunkt angesteuert werden, von welchem aus man weit über das Land schauen kann. Diese Art der Freiheit ist ein Geschenk. Sie läßt sich weder durch Raserei erzwingen, noch kann man sie sich und anderen in waghalsigen Manövern beweisen. Doch der

Wunsch, der eigenen Enge zu entfliehen, sollte verbalisiert und ausagiert werden können. Eine Möglichkeit wäre, das herauszuschreien, was als Einengung erlebt wird.

(5) Grenzen und Möglichkeiten: *(Lk 4,16–21)*
Der Führerschein eröffnet viele neue Möglichkeiten, vor allem durch die Erweiterung der persönlichen Mobilität. Das, wovon jemand so lange geträumt hat, kann nun Wirklichkeit werden. Wie sehen denn die Träume und Sehnsüchte aus? ... Mit Gas gefüllte Luftballons werden mit diesen Träumen beschrieben und anschließend fliegengelassen. Die Ballons fliegen nicht endlos. Es wird eine Grenze für sie geben, wie auch uns Grenzen gesetzt sind, wenn wir uns auf den Straßen fortbewegen.

(6) Leben und Tod: *(Gen 1,26–31a)*
Das sind Erfahrungen, mit denen wir auf unterschiedlichste Weise im Straßenverkehr konfrontiert werden, wenn wir von Autounfällen lesen, tote Tiere auf der Straße finden oder das zunehmende Absterben der Natur beobachten. An dieser Stelle sollte Zeit sein für eine meditative „Totenfeier", um bewußt zu machen, was durch eigenes unvorsichtiges Verhalten oder Fremdverschulden geschehen kann.

(7) Schutz und Sicherheit:
Die Erlebnisreise endet in einer Kirche, in der die Darstellung eines „Schutzengels" existiert. Die TeilnehmerInnen sollen den Schutzengel suchen und formulieren, was sie sich für ihre Autofahrten von einem solchen Schutzengel wünschen. Im Kölner Dom – im sogenannten Kinderfenster – findet sich sogar ein „Schutzengel"-Motiv, bei dem der Schutzengel ein Kind vor Autounfall behütet. Auch in Wallfahrtskirchen wie z.B. Altötting sind solche Darstellungen üblich.
Ein weiterer Schutzheiliger für AutofahrerInnen ist bekanntlich Christo-pherus. Der Legende gedenkend kann zum Abschluß allen Teilnehmenden ein Medaillon mit seiner Darstellung überreicht werden.

Bianca Nowak

Ritual zum 30. Geburtstag

• • Zur Situation

„Ich bin klein, mein Herz ist rein. Bin ich erst groß, geht's richtig los!" Diesen Spruch habe ich auf einer Postkarte über dem Photo eines kleinen Mädchens entdeckt und zum Motto für meinen 30. Geburtstag und das neue Lebensjahrzehnt auserkoren. Kopien von dieser Spruchkarte verschickte ich als Einladungen.

Runde Geburtstage – der 25., 30., 40., 50... – lassen uns nachdenklich(er) werden und im Blick auf größere Abschnitte vielleicht Lebensgänge und -zusammenhänge erkennen, die sonst verborgen bleiben. Möglicherweise möchte jemand sogar Weichen neu stellen und in eine etwas andere Richtung weitergehen.

Beim Nach-sinn-en kann jede und jeder selber auf das eigene Thema oder Motto stoßen, auf ein Wort, das sie oder ihn gerade anspricht, auf ein Lied, Gedicht oder Bild, das die Einladung und Feier ganz individuell prägen wird. Denn in der Einladung und Feier zeigt jede und jeder etwas von sich.

Der *Ort* der Feier kann bewußt ausgesucht werden, damit er etwas von diesem persönlichen Übergang ausdrückt. Eine Freundin wählte z.B. für den Beginn ihrer 40er-Feier im Freien die Tageszeit der Abenddämmerung, weil sie sich an einem (eher fließenden) Übergang sieht und ihr gerade einiges „dämmert".

Wichtig finde ich, sich *Zeit* zu nehmen für die Ein-Stimmung auf diesen Tag, und das Fest mehr „nebenher", nach und nach, als auf einmal in Hektik vorzubereiten (Gäste- und Einkaufslisten, wer hilft mir?, etc.). Ich habe immer einen Block mit Schreibzeug neben dem Bett liegen, weil mir die besten Ideen meist nachts kommen und erst peu à peu konkretere Gestalt annehmen. Diese einstimmende Vorbereitung auf den Geburtstag gehört zum Übergang dazu und kann helfen, sich bewußt zu werden, welchen Ort diese Schwelle in der eigenen Lebensgeschichte hat und haben soll.

• • Zum Ritual

Im Vorfeld meines Geburtstags tauchte irgendwann das Bild der
Spirale auf. Es fasziniert mich, das Leben mit seinen Windungen
und Ent-Wicklungen so zu betrachten: Ich komme zwar immer wieder an alt-bekannten und oft wunden Punkten vorbei, bin aber –
meist ohne es in diesem Augenblick zu spüren – bereits eine Ebene „höher", eine Stufe weiter und reifer. Dieses Spiralbild wollte
ich sichtbar gestalten und meinen FreundInnen zeigen.
Als Kind habe ich nie Geburtstag feiern dürfen und nie einen Ku-
chen mit den berühmten Kerzen darauf gebacken bekommen. Jetzt
bin ich selber „groß genug", mir diese (30) Lichter zu schenken.
Ich wollte sie nicht auf einer Torte, sondern großflächiger am Boden auf einem schönen Samttuch brennen sehen.
Von oben betrachtet beginnt die Spirale in der Mitte. Den Anfang
des Lebens, die Zeugung, Empfängnis und Geburt stellte ich mit
einer schlichten weißen Kerze dar: mein Lebensfunke oder Lebens-
licht! Ihr folgten das 1., 2., 3., ... Teelicht für den 1., 2., 3... Geburtstag. Für die Jahre dazwischen, für die Spiralbahn, legte ich Zweige
aus. Je nach Jahreszeit empfiehlt sich etwas Grünendes oder Blü-
hendes, vielleicht auch ein „roter Faden" oder – italienisch „filo
d'oro" – ein goldener Faden.
So entstand eine „Mitte" im Eingangsbereich, die mit brennenden
Lichtern die Gäste empfing und den Feier-Raum eröffnete.

• • Ablauf des Rituals

Ankommen – die Spirale wahrnehmen

Das Fest zu meinem 30. sollte eine ganz „normale" Geburtstagsfeier mit Essen und Trinken werden, in die ich das Ritual einbauen
wollte – und zwar erst dann, wenn alle oder die meisten Gäste ein-
getroffen waren und sich gestärkt hatten. Denn mit „einem Loch
im Bauch" ist selbst das schönste Ritual zu lang und wirkt eher
störend. Die Spirale als Mitte im Empfangsbereich nahm das Ritual
in diesen Anfang hinein. Die Eintreffenden mußten um die Spirale
herumgehen und nahmen sie in ihrer Größe und Schönheit wahr.

So begann die Feier mit einem kurzen Willkommensgruß und der Eröffnung des Buffets. Während des Essens lief griechische Musik dezent im Hintergrund, so daß Gespräche möglich waren. Die Musik sollte an meinen letzten Urlaub auf Lesvos in Griechenland erinnern, von dem die meisten Gäste wußten.

Sich um die Spirale versammeln – sich in der Spirale sammeln
Nachdem sich alle am Buffett gestärkt hatten, bat ich, sich um die Spirale zu versammeln. Sie war bewußt so angelegt, daß die äußerste Windung meine letzten zehn Lebensjahre umfaßte, den Zeitraum, aus dem ich meine Gäste kenne.
Oft sind sich bei solch größeren Festen die Anwesenden untereinander nicht bekannt und setzen sich deshalb verständlicherweise in „Kuschelgruppen" zusammen – hier die Verwandten, da FreundInnen, da KollegInnen etc. Deshalb sollte das Ritual eine Art Vorstellungsrunde enthalten.
Als alle FreundInnen um die Spirale versammelt waren, bat ich sie zurückzurechnen, seit welchem Jahr oder Ereignis sie mich kennen, und sich zur entsprechenden Kerze zu stellen. Das ergab Gelächter und Gemurmel und eine ganz neue Durchmischung und Zusammensetzung, zumal manche sich noch ein besonderes Plätzchen aussuchten.

Von der Spirale erzählen – die Spirale sprechen lassen
Nun lud ich ein, sich reihum, begonnen bei der „ältesten" Freundin, kurz vorzustellen und, wer wollte, eine Anekdote zu erzählen, z.b. darüber, was wir schon zusammen erlebt hatten, wie ich damals war oder ähnliches – je nach Lust und Laune. In der durch das vorangehende Essen gelockerten Atmosphäre trauten sich alle, von sich und ihrer Beziehung zu mir zu erzählen. Selbst für mich war manches neu und überraschend, und wir hatten einen „Heiden"-Spaß!
Erstaunlicherweise hielt niemand Endlosreden, und es wurde auch niemandem zu lang oder langweilig – ich denke, weil es so persönlich war. Für mich waren die Äußerungen der einzelnen mein größtes und schönstes Geburtstagsgeschenk!

Um die Spirale tanzen – von der Spirale bewegt werden
Wie von selber schlossen sich dann ein paar Kreistänze an, die ich
selbst anleitete. Oft gibt es Personen im eigenen Bekannten- oder
FreundInnenkreis, die Erfahrungen mit Kreistänzen haben und sie
an dieser Stelle einbringen könnten, so daß man es nicht selber
können muß.
Tänze mit einfachen Schrittkombinationen erfordern keine Vor-
kenntnisse oder besonderes Geschick; es kommt nicht auf jeden
Schritt an, ob er „richtig" ist. Bei meiner Feier paßten flotte Folklore-
tänze genau zu unserer guten Stimmung. Ich hatte für den Abschied aber auch ruhigere parat, in denen durch die Armhaltung
und Nähe besonders die gegenseitige Verbundenheit zum Ausdruck
kommen sollte.

Mit der Spirale weitergehen – die Spirale weitergehen lassen
Ich wurde durch mein Ritual, auch wenn ich mich nicht mehr an
jedes einzelne Wort erinnere, reich beschenkt und gestärkt. Das
Bild der Spirale nahmen viele, wie sie sagten, im Innern mit. Mir ist
es kurz darauf in einem ganz anderen Zusammenhang wieder begegnet, nämlich in Verbindung mit Sterben, Tod und Beerdigung.
Bei einer Veranstaltung zu dieser Thematik hatte die Kursleiterin
in der Mitte ebenfalls eine Spirale gelegt, aber in einer Tonschale,
die mit Erde gefüllt war und damit an Friedhof erinnerte. Diesmal
bestand die Spirale einfach aus vielen kleinen Steinchen für die
einzelnen Lebensjahre. Und siehe da: Die große Kerze, das Lebens-
licht, stand nicht am Anfang, sondern am Ende!

Eine Variante für den kleinen Kreis
Eine Alternative für ein Ritual mit weniger Gästen könnte ein großer Strauß Blumen sein, der verschiedene Blumenarten oder ver-
schiedenfarbige Blumen enthält. Die Gäste werden eingeladen, aus
dem Strauß eine Blüte oder Knospe ihrer Wahl zu nehmen. Mit der
Blume in der Hand, die ihnen beim Reden hilft, sagen sie nacheinander, wer sie sind, was sie gerade mit dieser Blume verbinden bzw.
verbinden und was sie dem Geburtstagskind damit wünschen. Sie
überreichen den Wunsch sichtbar mit der Blume. Alle überreich-
ten Blumen ergeben dann einen neuen bunten Strauß, der auf die

Geburtstagstafel gestellt werden kann. Auch die Jubilarin oder der Jubilar selber dürfen eine Blüte auswählen und einen Wunsch für sich selber und für die Feier äußern.

Elisabeth Hummel

• • •

Ritual zum Übergang in eine offene Zukunft

• • Zur Situation

Oft stehen wir in unserem Leben an einem Übergang. Wir wissen, es wird sich etwas ändern. Es müssen Entscheidungen getroffen werden, die für das weitere Leben Folgen haben. Dabei entstehen viele Unsicherheiten.
Zuerst müssen wir uns darüber klar werden, wo wir gerade stehen. Dann ist es wichtig, die verschiedenen Wege, die sich anbieten, wahrzunehmen und anzuschauen. Unsicher, tastend, abwägend werden wir einen Schritt in die eine oder andere Richtung tun. Es stellt sich die Frage: Wohin geht es?
Da ist ein Schmerz, der entsteht, wenn wir Altes und Gewohntes verlassen müssen. Da ist eine Angst, was die Entscheidung wohl alles mit sich bringt, das wir von unserem jetzigen Standpunkt aus noch nicht überblicken können. Da ist die Einsicht, daß wir auf unserem Lebensweg nicht stehenbleiben können, daß Veränderung zum Leben gehört. Und da ist die Sehnsucht nach dem Neuen, das noch nicht greifbar in der Zukunft liegt.

• • Zum Ritual

Bei diesem Ritual geht es darum, in dieser Situation des „Nicht mehr – und noch nicht" einen Zuspruch, eine Ermutigung und einen Segen zu bekommen. Das Ritual soll deutlich machen, daß da eine gute Kraft ist, die uns beschützt und die mit uns geht.

Da jede/r TeilnehmerIn in ihrem/seinem Leben an einem anderen Übergang steht und jede/r ihre/seine ganz individuelle Situation im Blick haben soll, soll jede/r Raum bekommen, sich ihrer/seiner Situation bewußt zu werden, ohne daß sie/er diese den anderen mitteilt. Worte sollten in den Hintergrund treten.

Der Zuspruch „Sei mutig und stark" ist der Zuspruch, den Gott dem jungen Josua gab, der nach dem Tod des Mose dessen Nachfolger wurde (vgl. Josua 1,9).

Das Ritual findet im Freien statt. Benötigt wird ein Brunnen, um den man sich versammeln kann. Wenn das Brunnenwasser nicht sauber ist, braucht man eine Schale mit Wasser. Als Mitte kann alternativ zum Brunnen eine große Schale Wasser dienen.

• • Ablauf des Rituals

Sich um das Wasser versammeln
Alle Frauen und Männer versammeln sich um den Brunnen. Eine Leiterin oder ein Leiter führt in das Thema ein und stellt das folgende Ritual vor.

Stehen – Suchen – Gehen
Die Gruppe beginnt, den Kanon „Wechselnde Pfade ... umfange das Leben" zu singen. Während des Singens sucht und findet jede/r einen Platz und eine Haltung, die zu ihrem/seinem Übergang passen und gehören. Jede/r nimmt diesen Platz ein und wird sich ihrer/seiner eigenen Situation bewußt. Dieses Suchen und Finden des eigenen Ortes kann länger dauern. Jede Person darf probieren, korrigieren und sich so lange Zeit lassen, bis sie ihre Übergangs-Stelle gefunden hat, bis sie Wege und Horizonte wahrnehmen kann, die sich ihr anbieten.

Nach einem Verweilen am eigenen Ort des Übergangs geht jede Person in ihrem Tempo – immer noch singend – an den Brunnen zurück. Dort finden sich alle TeilnehmerInnen wieder im Kreis. Der Kanon wird weitergesungen und lebt noch einmal auf.

„Wechselnde Pfade"

Text nach einem baltischen Hausspruch; Musik: unbekannt

Einander Gottes Segen zusprechen
Jede Frau/jeder Mann erfährt von ihrer/seinem linken NachbarIn den Zuspruch als Wort und Geste: „N.N., sei mutig und stark".

Worte	Gesten
N.N.,	die/der Segnende berührt die Stirn mit Wasser (kreisende Bewegung)
	die/der Segnende legt der/m anderen die Hand auf den Bauch
sei mutig	
	die/der Segnende berührt die Hände nacheinander mit Wasser (kreisende Bewegungen in der Handinnenfläche)
und stark.	

Gesegnet sich aufmachen
Die Gruppe singt das Lied „Weil du meine Schritte kennst". Die TeilnehmerInnen halten einander die Hände. Eine/ein LeiterIn löst die Handfassung und beginnt im Pilgerschritt mit der Gruppe vom Brunnen wegzugehen.
Wenn alle den Brunnen verlassen haben und ein Stück Weg gegangen wurde, findet sich die Gruppe nochmals im Kreis.

„Weil du meine Schritte kennst"

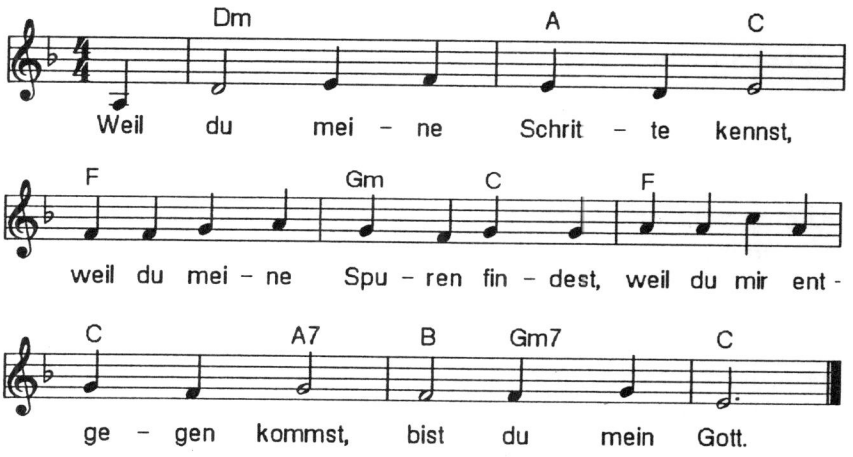

Text: Christiane Bundschuh-Schramm; Musik: Michael Schramm

Johanna Bauer-Hegele
zusammen mit Ute Dieterle,
Christine Mauch,
Elisabeth Redelstein,
Barbara Seiller und
Beate Vallendor

Ritual zu einem Hochzeitstag

• • Zur Situation

Der Hochzeitstag spielt bei Eheleuten eine sehr unterschiedliche Rolle. Vielfach wird er nach Jahren einfach vergessen oder man denkt nur noch an besonderen Jubiläen an die Hochzeit zurück. Andere nehmen diesen Tag zum Anlaß, die Beziehung zum Partner/zur Partnerin anzuschauen,
zurückzuschauen auf die gemeinsame Zeit,
zu feiern,
zu danken,
zu vergeben,
neu Ja zu sagen zum Partner/zur Partnerin.
Das Ritual soll eine Anregung sein für Paare, die sich an ihrem Hochzeitstag ein Zeichen setzen und geben wollen, das ihre Beziehung zueinander und zu Gott ausdrückt. Vorbild war mir dabei der Brot- und Becherritus in der häuslichen Liturgie jüdischer Familien.
Eine gewisse Vertrautheit, Alltag, Leben und Glauben zu verbinden und auszudrücken, ist die persönliche Voraussetzung, am Hochzeitstag eine solch kleine Feier zu begehen.
Das Gebet kann selbstverständlich aktualisiert, ergänzt oder gekürzt werden.
Wenn es beide Partner wollen und es heilsam sein mag, soll auch Raum sein, Verletzungen anzuschauen und einander Vergebung zuzusprechen. Es sollten jedoch keine Retourkutschen und Vorhaltungen auf der religiösen Schiene transportiert werden.

Mögliche Zeitpunkte für diese Liturgie sind:
- die Eröffnung eines gemeinsamen (festlichen) Mahles,
- der Rahmen eines gemeinsamen Mahles (Eröffnung und Abschluß),
- abends, wenn Ruhe in der Wohnung ist,
- morgens, verbunden mit dem Frühstück.

• • Zum Ritual

Für das Ritual sind folgende Vorbereitungen zu treffen:
- Ein Strauß mit Blumen, die im Brautstrauß waren, und die Hochzeitskerze oder eine andere Kerze sollen den Tisch schmücken.
- Ein Teller mit einem Stück Brot,
- Gläser,
- ein guter Wein oder ein anderes Getränk werden für die Feier benötigt.
- Im Hintergrund kann eventuell Musik gespielt werden.

• • Ablauf des Rituals

„Gemeinsam auf dem Weg"

Beginn
Die Kerze wird entzündet.

Der Partner/die Partnerin beginnen die Feier mit einleitenden Worten.
Stichpunkte:
- Heute ist unser ... Hochzeitstag.
- Erinnerungen an das vergangene Jahr: ...
- Gerne erinnere ich mich an: ...
- Ich bin froh, daß ... überstanden und vorbei ist.
- An dir tut mir ... gut.
- Verzeih mir ...

Gebet
Herr, wir feiern heute unseren Hochzeitstag.
Unsere Gedanken gehen zurück an die Feier (Tag und Jahr, Ort).
Die Kirche, unsere Gäste,
der Pfarrer, die Musik ...
manchmal kommt es uns so vor, als wäre das alles erst gestern gewesen.

Doch unzählige Schritte haben wir seither getan:
aufeinander zu und oft auch voneinander weg,
nebeneinander her und dann doch wieder zueinander.
Vieles hätten wir uns damals nicht träumen lassen.
Mancher Traum hat sich aufgelöst und vieles ist anders gekommen,
als wir es uns geträumt haben.
Dankbar und doch auch verwundet schauen wir zurück.
Herr, es tut gut, dabei an dich zu denken.
Ohne deine Treue und Fürsorge, wer weiß, wo wir heute stünden?
Hab Dank, Herr, für die Tage und Jahre,
für alles, was uns glücklich macht ...,
für die Energie und Phantasie, den Alltag zu gestalten,
für die oft unscheinbaren Zeichen deiner Nähe in den schwierigen
und dunklen Zeiten.
Herr, wir bitten dich,
bleibe bei uns auf unserem Weg,
laß uns offen bleiben füreinander
und die Achtung bewahren.
Gib uns Gelegenheit und Phantasie, die Freude und das Interesse
aneinander zu pflegen.
Hilf uns, miteinander zu reden und auch zu schweigen,
und schenke uns Geduld, aufeinander zu hören.

Brotritus
Eine/r sagt: Dieser Tisch bleibe ein wertvoller Ort unserer Gemeinschaft und unserer Gastfreundschaft.

Die Frau/der Mann nimmt ein Stück Brot und spricht dazu den Lobpreis:
Gepriesen seist du, Herr,
für das Brot, Frucht der Erde und der menschlichen Arbeit.
Laß dieses Brot, das wir jetzt miteinander teilen,
ein Zeichen unserer Gemeinschaft mit dir und miteinander sein.
Ein Zeichen dafür, daß wir das Leben miteinander teilen.
N.N., nimm dieses Brot als Zeichen unseres Lebens und unserer
Sorge füreinander.

Die Partner brechen miteinander das Brot. Wenn weitere Personen anwesend sind, wird das Brot auch an sie weitergereicht.

Becherritus
Eine/r sagt: Wie Jesus bei der Hochzeit in Kanaan wollen auch wir uns guten Wein reichen.

Wein wird eingegossen. Danach spricht die Frau/der Mann den Lobpreis:
Herr, sei gepriesen für den Wein,
Frucht des Weinstocks und der menschlichen Arbeit.
Laß diesen Wein ein Zeichen für unser kostbares Leben sein,
Zeichen der gemeinsamen Mühen und Freuden.
N.N., nimm diesen Wein als Zeichen unseres Lebens und Reifens miteinander.

Die Partner reichen sich gegenseitig das Glas und stoßen miteinander an.

evtl. gemeinsames Mahl

Segen
Die Eheleute segnen sich gegenseitig mit dem Kreuzzeichen auf die Stirn oder auf die Innenfläche der Hand.

Dazu kann gesprochen werden:
Der Herr segne und behüte dich, er gebe dir Glück und Frieden. Er bleibe bei uns auf unserem Weg. Amen.

Weitere mögliche Elemente, die in den Ablauf integriert werden können:
– ein Bibeltext (zum Beispiel der Text, der bei der Trauung verkündet wurde),
– das Lied „Herr, gib uns deinen Segen" (auf die Melodie des Liedes „Herr, gib uns deinen Frieden" – *Text: Wolfgang Poeplau; Musik: Ludger Edelkötter),*
– ein Lied, das alle gerne singen und das bekannt ist.

Margret Schäfer-Krebs

Einzugsritual

• • Zur Situation

Ein Umzug stellt einen bedeutenden Einschnitt im Leben, eine typische „Schwellensituation" dar. Vor allem bei einem Wechsel in eine andere Stadt bedeutet er, von vielem Abschied nehmen zu müssen. Das vertraute Umfeld, Lieblingsorte und liebe Menschen werden verlassen. Oft tut es weh, die Wurzeln, die über eine gewisse Zeit hin gewachsen sind, herauszureißen zu müssen und sie in eine andere Umgebung zu verpflanzen.

Umziehen heißt auch, sich neu einzurichten, sich auf Neues einzulassen – auf Neues mit all seiner Faszination, aber auch allen damit verbundenen Ängsten. Viel Frohes, aber auch viel Trauriges und Schmerzhaftes wird daher bei einem Umzugsritual spürbar sein.

Es gibt viele Möglichkeiten, einen Umzug auch durch eine spirituelle Feier zu unterstützen. Die eine wird den Auszug stärker erleben, der andere das Unterwegssein, die Veränderung, wieder eine andere den Einzug. Je nachdem ist es meines Erachtens sinnvoll, verschiedene Schwerpunkte zu setzen bzw. die Feier auf die jeweiligen Bedürfnisse und Möglichkeiten abzustimmen.

Wenn die Wohnungen nicht zu weit auseinander liegen und es sich zeitlich koordinieren läßt, bietet sich eine gute Möglichkeit, das Ritual in der alten Wohnung – in der möglicherweise noch nichts eingepackt ist – zu beginnen, dann in die neue Wohnung zu ziehen und ein Symbol aus der alten Wohnung als erstes in die neue (sonst leere) Wohnung zu stellen. Dieses Symbol könnte zum Beispiel eine Pflanze sein, die während des Umzugs umgetopft wird.[1]

Eine andere Möglichkeit – zum Beispiel für weit voneinander entfernte Wohnungen – besteht darin, mit einem Symbol, einer Kerze oder einem Stein durch die leere alte Wohnung zu gehen und sich

[1] Dieser Vorschlag stammt von Rosemary Radford Ruether. Die Pflanze wird in der alten Wohnung behutsam aus ihrem bisherigen Topf genommen, zieht mit in das neue Haus und wird dort in einen neuen Topf gepflanzt. Vgl. Rosemary Radford Ruether, Unsere Wunden heilen, unsere Befreiung feiern: Rituale in der Frauenkirche, (Kreuz Verlag) Stuttgart 1988, 223–224.

an die Erlebnisse und Begegnungen zu erinnern. Dieser Gegenstand wird beim Umzug als erstes in die neue Wohnung hineinge-
tragen und an einen gut sichtbaren Ort gebracht – zum Beispiel an
die Eingangstür, weil man in der neuen Wohnung erst anfängt zu
leben.

• • Zum Ritual

Das folgende Ritual fand in der neuen Wohnung meiner Freundin
Elisabeth statt. Sie hatte einige Ideen, wie sie ihre Einzugsfeier gestalten wollte. Zusätzlich hatte sie mich gefragt, ob ich bei meinem
ersten Besuch (ein paar Tage nach ihrem Einzug) weitere Vorschläge
für ein derartiges Ritual mitbringen könne. Elisabeths Wunsch war
es, dieses Fest zu zweit zu begehen.
Da ein Treffen zur Vorbereitung aufgrund der Entfernung nicht möglich war, wählten wir eine relativ offene Form. Wir vertrauten auf
unsere Erfahrung und unser beider Fähigkeit zu spüren, „was dran
ist". Da wir eine langjährige gemeinsame Geschichte in einer
Frauenliturgiegruppe hatten, fühlten wir uns in dieser Offenheit
wohl.
Vor der Abreise zu Elisabeth hatte ich mir Notizen gemacht und
einige Elemente überlegt, die mir für Elisabeth und ihre Einzugs-
liturgie passend schienen. Diese Aufzeichnungen sind im Nach-
hinein entstanden. Die Atmosphäre des Rituals und auch der wört-
liche Text der Segenswünsche und der Phantasiereise sind aufgrund
der Spontaneität der Feier nur ungenügend in Schriftform zu bringen.

• • Ablauf des Rituals

Anfangen – den Raum gestalten

Wir wählten den größten Raum, die Wohnküche, als den zentralen
Raum unserer Feier aus und dekorierten die Mitte. Elisabeth hatte
dazu einige Symbole und Gegenstände vorbereitet, die ihr etwas
bedeuteten: Schaffelle, Tarot–Karten, Muscheln und Steine. Für die

Türen der einzelnen Räume hatte sie Fotos oder Postkarten als mögliche „Türschilder" vorgesehen. Auch das Liturgietuch unserer ehemaligen Frauenliturgiegruppe lag dabei, außerdem eine Kerze, die ich ihr zum Einzug geschenkt hatte, einige Teelichter sowie Wein und Brot.

Ankommen – sich auf die Feier einstimmen

Zu Beginn der Feier zündete ich für Elisabeth die Kerze an. Wir hatten leise Musik ausgesucht, um anzukommen, ruhig zu werden und uns einzustimmen. Wir ließen uns viel Zeit, schauten uns im Raum um und ließen die Atmosphäre des Neubaus und der halb eingerichteten Wohnung auf uns wirken.
Elisabeth erzählte von sich, von den ersten Eindrücken im neuen Ort, der Hektik der letzten Tage, und davon, wie es ihr aktuell ging. Wir sangen Lieder, die wir spontan auswählten – Lieder, die uns viel bedeuteten, zum größten Teil aus dem Liederheft unserer Frauenliturgiegruppe.

Zurückschauen, verweilen, vorblicken – den Übergang nachvollziehen

Ich schlug Elisabeth vor, in einer Phantasiereise die einzelnen Stationen des Umzugs noch einmal nachzuvollziehen. Seit dem Auszug aus der letzten Wohnung war ein Jahr vergangen und dementsprechend viel hatte sich ereignet. Ich begann mit meinen Impulsen in der letzten Wohnung und den Erfahrungen dort, versuchte das Jahr von Heimatlosigkeit und Unterwegssein nachzuzeichnen, um schließlich hier in der neuen Wohnung anzukommen.

LeiterIn: Leg Dich bequem hin …
Spüre, wie der Boden Dich trägt …
Laß Deinen Atem fließen …
Laß die Alltagsgedanken einfach weiterziehen …
(Einstieg gekürzt)

Geh dann zurück in dein Zimmer in W.
Erinnere Dich an die Einrichtung, an den Blick aus dem Fenster …
Erinnere Dich an die Erfahrungen dort, an wohltuende und schmerzliche …

Erinnere Dich an Begegnungen, an Menschen, mit denen Du zu tun hattest ...

Du bist von dort aufgebrochen und warst lange unterwegs.
Du hast Neues kennengelernt, immer wieder Abschied genommen, hast Dich vielleicht auch manchmal heimatlos gefühlt.
Geh die einzelnen Stationen in Gedanken noch einmal nach:
– Der Auszug aus Deinem Zimmer in W.;
– die Zeit in E.;
– dann ein Vierteljahr in G.;
– drei Monate in S.;
– und noch einmal eine Zeit in W. ...

Nun hast Du in B. eine neue Wohnung gefunden.
Erinnere Dich an den Tag, als Du diese Wohnung zum ersten Mal betreten hast.
Laß noch einmal aufsteigen, was Dich damals bewegt hat.

Du hast die Sachen, die Du untergestellt hattest, wieder zusammengesucht und bist hierher gekommen.
Dir haben Menschen beim Umzug geholfen.
Du hast begonnen, für Möbel, Bücher und andere Dinge einen Platz zu suchen.
Du hast Verschiedenes neu gekauft für Dein neues Zuhause ...

In dieser neuen Wohnung, die für die nächsten Jahre Deine Wohnung sein wird,
bist Du nicht alleine.
Stell Dir eine Frau vor, die Dich hier willkommen heißt ...
Laß Dir von ihr die Wohnung zeigen ...
Die Frau gibt dir ein Geschenk, das Dich in dieser Wohnung begleitet ...
Die Frau verabschiedet sich wieder von Dir, Du kannst sie aber jederzeit wieder zu Dir einladen, wenn Du das willst.

Stell Dir nun die Zukunft vor,
stell Dir vor, was in dieser Wohnung alles auf Dich zukommt,
wer hier sein wird,
was du hier tun kannst,

wie du hier sein kannst,
und wie Dein Daheim aussehen soll.

Komm dann wieder zurück,
zurück in unsere Liturgie zu Deinem Einzug in B.
Streck Dich, beweg Dich, atme tief durch …
und wenn Du so weit bist, öffne die Augen.

Elisabeth blieb noch einige Zeit liegen und erzählte dann – soweit
sie das wollte – von den Bildern, die bei dieser Phantasiereise in ihr
aufgestiegen waren. Es war sehr dicht, sich dieses Jahr in so kurzer
Zeit noch einmal zu vergegenwärtigen.

Miteinander essen – sich stärken auf dem Weg
Wir segneten Brot und Wein und aßen gemeinsam. Es sollte ein
Zeichen der Verbundenheit sein und Elisabeth stärken auf dem Weg
des Umzugs. Zum ersten Mal würde sie alleine wohnen und in Zukunft auch alleine essen – auch dafür sollten Brot und Wein Kraft
geben. Zudem war nach der intensiven Phantasiereise eine Ver-
schnaufpause nötig geworden.

Räume begehen – Segen wünschen
Dann besuchten wir einen Raum der Wohnung nach dem anderen.
An wichtigen Punkten stellten wir Teelichter auf, die wir an der
Umzugskerze angezündet hatten – in der Küche, am Eßtisch, im
Bad, auf dem Schreibtisch, an Fenstern, neben dem Bett, an der
Couch, an der Wohnungstür, in der Meditationsecke. Wir brachten
die Türschilder an, um jedes Zimmer unter ein eigenes Motto zu
stellen. Beispielsweise wurde so das Wohnzimmer zum Sonnen-
zimmer, weil es ein sehr heller Raum mit vielen Fenstern war; eine
Aufnahme vom Meer hängte Elisabeth an die Badtür. Wir begann-
nen die Wohnung zu schmücken, dekorierten verschiedene Ecken
und Wände mit Bildern, Steinen und anderen Dingen, die für uns
passend schienen, und sprachen beide unsere Segenswünsche und
Visionen für die einzelnen Orte aus.
Die folgenden Impulse entstammen meinen Vorbereitungen. Während der Feier haben wir beide spontan zu den unterschiedlichen
Orten unsere Gedanken geäußert.

LeiterIn: Diese Wohnung ist für die nächsten Jahre Dein Daheim. Möge sie für Dich Zuflucht und Ort der Geborgenheit sein.

LeiterIn: Möge Deine Küche ein Ort der Gastlichkeit sein, wo Begegnungen stattfinden und wo gute Gespräche möglich sind. Hier wirst Du die Nahrung zubereiten, die Du brauchst, um kräftig zu sein und Dich zu verwöhnen.

LeiterIn: Möge dein Bad Ort der Reinigung und der Heilung sein, wo Du Körper und Seele erfrischen kannst, wo Du Dich erholst. Hier wirst Du Dich schön machen, Dich pflegen und gut zu Dir sein.

LeiterIn: Möge Dein Schlafzimmer ein Raum sein, der Dich schützt, in dem Du Dich ausruhen kannst und gute Träume hast.

LeiterIn: Möge Dein Arbeitsplatz ein Ort der Kreativität sein.

LeiterIn: Möge Dein Wohnzimmer ein Zimmer sein, in dem Du mit lieben Menschen zusammensein kannst.

LeiterIn: Möge Deine Wohnung der Ort Deiner Lebenskraft sein; der Ort, an den Du zurückkommst von draußen, an dem Du lachst und weinst.

Da der Einzug in diese neue Wohnung gleichzeitig verbunden war mit dem Berufsbeginn, wählte sich Elisabeth eine Tarotkarte, die sie die kommende Zeit begleiten sollte.

Lieder singen – das Fest ausklingen lassen
Wir schlossen mit Liedern ab, einem Segenslied und anderen Liedern, die wir spontan auswählten und ließen das Fest so ausklingen.

Mechthild Herberhold

Feier zum Einzug in ein neugebautes Haus

• • Zur Situation

Ein eigenes Haus zu bauen und zu bewohnen, muß ein Urbedürfnis des Menschen sein. Wie der eigene Körper verbindet und trennt das Haus Innen und Außen. Es gestaltet das Innen und gibt auch dem Außen Form. Im Garten um das Haus entsteht ein Eigenraum des Außen, der zum Innenraum in Beziehung steht. Mit dem Haus schafft sich der Mensch eine eigene Welt in Kontakt mit der Welt des Kosmos, einen Mikrokosmos im Makrokosmos. Indem der Mensch sein Haus er- und einrichtet, richtet er sich in der Welt auf und ein. Er kreiert sich einen eigenen Raum im Welt-Raum mit einem sanften Übergang in Gestalt des Gartens. Annette und Norbert haben sich ein Haus gebaut, das von einem Garten umgeben ist. Von der Straße führt ein Weg zu einem überdachten Vorplatz. Wer diesen Weg zum Haus geht, muß sich bewußt sein, daß sie/er den Raum einer Familie betritt. Sie/er wird zur/m BesucherIn und besucht die Welt einer/s anderen. Der Weg führt zur Eingangstür. Sie bildet die Schwelle zur Welt der HausbewohnerInnen, den Ort, an dem die HausbewohnerInnen entscheiden, ob und wie sie ihre Welt der/m BesucherIn öffnen wollen. An dieser Schwelle wickeln sie Geschäfte ab, nehmen die Post entgegen, unterschreiben den Paketdienst, wimmeln Hausierende ab und zahlen die gelieferten Getränke – oft mit einer nur halb geöffneten Tür, um ja nicht zu viel zeigen zu müssen. An dieser Schwelle geschieht aber auch der Introitus für eine persönliche Begegnung: Die HausbewohnerInnen öffnen die Tür, so weit es geht, und zeigen durch diese Körpersprache, daß sie Beziehung stiften wollen. Sie geben den Gästen die Hand, heißen willkommen und bitten herein. Sie laden ein, den Raum der eigenen Welt zu betreten. Wenn die HausbewohnerInnen selber diese Schwelle überschreiten, begeben sie sich in ihre eigene Welt. Sie sind zu Hause. Im Vorraum leben sie das Zwischen zwischen Innen und Außen. Sie befinden sich im Übergang vom Innen ins Außen oder vom Außen ins Innen. Im Wohnbereich verweilen sie in ihrer Welt. Sie essen, lesen, ruhen aus und blicken manchmal durch große und kleinere (Fernseher) Fenster ins Außen. Im Schlafzimmer ziehen sie sich in ihr Innerstes zurück. Sie wollen bei sich sein und holen im Gebet und im Traum die Außenwelt herein. Wie jedes Haus ist auch dieses dreigliedrig gestaltet. In jedem Bereich kommuniziert der Mensch mit der Welt, zwischen Innen und Außen.

• • Zur Feier

Zur Feier des Einzugs in das neugebaute Haus luden Annette und Norbert Verwandte und FreundInnen sowie Personen, die am Haus mitgebaut hatten, ein.
Die Feier war dreigliedrig gestaltet wie das Haus selber. An der Türschwelle wurde gemeinsam ein „Über-die-Schwelle-Treten" vollzogen und die Hausbewohnerin Annette las ein Segensgebet. Besuch und Segnung der einzelnen Zimmer bildeten den zweiten Teil. Schließlich fanden sich in einem dritten Teil alle im Wohnzimmer ein, um das Ritual zu beenden. Der Dank an alle, die am Bau des Hauses mitgearbeitet hatten, und die Einladung zum gemeinsamen Essen eröffneten das Buffet.
Für das Ritual werden Weihwasser in einer Schale, ein Buchszweig und ein Liedblatt benötigt. Das Weihwasser wurde in den Tagen vorher in der Kirche geholt. Auch die Kirche ist ein dreigliedriges Haus mit Eingangsbereich, Wohnhalle und dem Intimraum des Altars. Alle Weihwassergefäße stehen in dieser Kirche an den Türschwellen, an den Übergängen zwischen Außen und Innen, Innen und Außen.
Zwei Personen, eine Frau und ein Mann, leiteten das Ritual.

• • Ablauf der Feier

Auf dem Weg von der Straße zum Haus beginnen
Alle Gäste und die HausbewohnerInnen finden sich auf dem Weg von der Straße zum Haus ein.
Die Leiterin führt die TeilnehmerInnen ein:

Ein Haus bauen, mitten in der Welt eine eigene Welt schaffen: eine eigene Welt, in der man sich einrichtet, um auf der Erde einen Platz, ein Zuhause zu haben. Wenn ein Haus fertig ist und man endlich einziehen kann, beginnt für die neuen HausbewohnerInnen ein neuer Lebensabschnitt. Ab jetzt geschieht ihr Leben in und um dieses Haus, wird die Welt und das Leben von diesem Haus aus betrachtet. Mit dieser neuen Welt verbinden die HausbewohnerInnen zahlreiche Hoffnungen: Hoffnung auf ein Zuhause, Hoffnung auf einen eigenen Innenraum, wo fünf Menschen miteinander leben und wachsen können. Mit dieser neuen Welt ist große Lust verbunden: die Lust des Entstehens, die Lust, es jetzt einzurichten und sich langsam einzuleben; die Lust, darin zu leben und jeden Winkel des Hauses auszuleben. Mit der neuen Welt sind auch Ängste und Befürchtungen verbunden: Werden wir heimisch werden in der alten Heimat, in die wir das Haus gebaut haben? Werden die Kinder FreundInnen finden? Werden wir mit unserer Welt hier angenommen werden?

Der Einzug in das neugebaute Haus markiert einen wichtigen Einschnitt, einen Übergang im Leben von Annette und Norbert, Janina, Nelli und Laila. Es ist ein weiterer Eintritt in die eigene Welt und in die Welt des Kosmos, ein endgültiges Erwachsenwerden in Freiheit und Verantwortung.

Die Türschwelle des Hauses ist ein Symbol für diesen Übergang in die neue Welt, in das neue Leben. Sie ist auch ein Symbol für die Ambivalenz dieses Übergangs, denn sie zu überschreiten macht Lust und neugierig, ist aber auch riskant und läßt uns ein wenig schaudern.

Wenn Menschen solche Übergänge begehen, brauchen sie Begleiterinnen und Begleiter. Deshalb haben Annette und Norbert heute viele FreundInnen, Verwandte und Bekannte eingeladen. Sie sollen mit ihnen diesen Übergang gehen. Sie mögen sie begleiten und dadurch zum Ausdruck bringen: „Wir freuen uns mit Euch über den neuen Lebensabschnitt im neuen Haus. Wir teilen mit Euch die Lust zum Übergang. Wir interessieren uns für Eure Welt, die Ihr uns zeigen und in die Ihr uns führen wollt. Wir werden den Weg von der Straße zum Haus immer wieder gehen, auch wenn Ihr in schwereren Zeiten unsere Hilfe braucht. "

Ich lade Euch ein, jetzt mit Annette, Norbert, Janina, Nelli und Laila diesen Übergang über die Schwelle des Hauses zu vollziehen. Wenn Ihr einen Fuß über die Schwelle gesetzt habt, dann haltet einen kurzen Augenblick in diesem Zwischen inne und geht dann weiter in die neue Welt hinein.

Über die Schwelle des Hauses treten und im Vorraum verweilen

Die HausbewohnerInnen und nach ihnen die Gäste überschreiten die Schwelle des Hauses. Nach dem Vollzug des „Über-die-Schwelle-Tretens" bleiben sie im Vorraum stehen und hören das Segensgebet.

Annette liest:
Segne, Herr, dieses Haus und alle, die hier wohnen für kurze Zeit oder auf Dauer, daß wir einander Heimat schenken. Segne, Herr, unsere Liebe, daß die Umarmung nicht zur Umklammerung und die gereichte Hand nicht zur Fessel wird. Segne, Herr, unsere Träume und Sehnsüchte, daß sie uns nicht blind machen für die Wirklichkeit des Lebens. Segne, Herr, unsere Schwächen, daß sie anderen nicht zum Unheil werden. Segne, Herr, unseren guten Willen, daß er nicht in Selbstgefälligkeit ausartet. Segne, Herr, unseren Frieden, daß er die Unruhe Deines lebendigen Geistes in uns nicht erstickt. Segne, Herr, unseren Tod, damit wir nicht aus Furcht vor ihm das Leben verlernen, sondern ihn im Herzen tragen als eine willkommene Brücke zu Dir. Segne Du, Herr, dieses Haus und alle Bewohnerinnen und Bewohner.

Quelle: unbekannt

Die Zimmer aufsuchen und segnen

Alle TeilnehmerInnen werden von dem Leiter des Rituals eingeladen, in einer Prozession alle Zimmer nacheinander aufzusuchen. Der Leiter segnet jedes Zimmer mit Weihwasser und spricht dazu verschiedene Segensworte.

In der Diele:
Gott, segne das Ein- und Ausgehen,
segne das Empfangen und Verabschieden
und jede Begegnung, die hier beginnt.

Im Arbeitszimmer:
Gott, segne die Arbeit,
segne das Denken und Schreiben,
das Zeichnen und Radieren
und jede Aufgabe, die hier erledigt wird.

In den Kinderzimmern:
Gott, segne das Spielen und Aufräumen,
segne das Malen und Schreiben
und jede Gemeinschaft, die sich hier findet.

Im Schlafzimmer:
Gott, segne das Einschlafen und Aufwachen,
segne das Ruhen und Träumen
und jede Umarmung, die hier geschenkt wird.

Im Wohnzimmer:
Gott, segne das Verweilen und Ausruhen,
segne das Allein- und Zusammensein
und jede Begegnung, die hier geschieht.

Im Wohnbereich abschließen
Wenn (fast) alle Räume gesegnet sind, bilden alle TeilnehmerInnen
im Wohnzimmer einen Kreis und halten einander die Hände. Sie
beten ein Vater unser und singen das Lied „Im Übergang".

„Im Übergang"

le – ben wir   heu – te   und   su – chen nach dir,   un – ser'm

Gott,   un – ser'm Gott.

Text: Christiane Bundschuh-Schramm; Musik: Michael Schramm

Der Leiter spricht einen Segen über alle Anwesenden:
LeiterIn: Gott segne die Bewohnerinnen und Bewohner dieses Hauses,
er halte schützend seine Hände über alle, die in diesem Haus zu Gast sind,
er segne alle, die an diesem Haus mitgedacht und mitgebaut haben,
Gott, der uns Vater + ist und Mutter,
Bruder und Freund,
Raum und Geist.
Alle: Amen.
Annette dankt den MitarbeiterInnen und bittet zum Buffet.

Annette Ries und Christiane Bundschuh-Schramm

● ● ●

Feier zum 10-jährigen Berufsjubiläum

● ● **Zur Situation**

Im Blick sind Menschen, die 10 Jahre in einem Erwerbsarbeitsverhältnis stehen. Egal ob an einer oder an unterschiedlichen Stel-

len, in einer oder in verschiedenen Firmen/Institutionen, auch ein-
gerechnet der Lehr- und Berufsausbildungszeit, 10 Jahre im Beruf
zu stehen, ist ein erstes „rundes" Berufsjubiläum.
Manche/r nimmt es vielleicht gar nicht wahr, noch gibt es keine
Sonderprämie oder einen Geschenkkorb wie zum 25-jährigen.
Die Situationen zum 10-jährigen sind sehr verschieden:

* Da gibt es den Familienvater, selten die Familienmutter, der als
  Alleinverdiener das Einkommen der Familie sichert. Er weiß, daß
  er mit dieser Aufgabe noch 10, 20, ja 30 Jahre gefordert und
  manchmal auch überfordert ist.
  10 Jahre Beruf sind für ihn eine erste Etappe auf einem langen Weg.
* Da gibt es die Teilzeitbeschäftigte, die Familie und Beruf miteinander verbindet und viel Zeit und Kraft in die Organisation stek-
  ken muß, damit es ihr gelingt. Wenn sie Glück hat, arbeitet ihr
  Mann auch Teilzeit und sie leben ein konsequent partnerschaft-
  liches Modell.
  10 Jahre Beruf: Sie weiß oder sie beide wissen, die 10 Jahre sind
  eine erste Etappe – es ist offen, wie es über die Jahre weitergeht.
* Da gibt es Singles, die ihren Lebensunterhalt erwerben müssen.
  Durch ihre Ungebundenheit können sie ihre berufliche Zukunft
  flexibel gestalten.
  10 Jahre Beruf: eine gute Ausgangsbasis für berufliches Fortkom-
  men; vielleicht auch der Wunsch, es möge privat oder beruflich
  etwas Neues kommen.
* Da gibt es DoppelverdienerInnen ohne Kinder. Der Beruf stellt
  einen wichtigen Lebensbereich dar. Es ist genug Geld vorhanden, um sich Fortbildungen, Urlaube, vielleicht auch eine Haus-
  haltshilfe leisten zu können.
  Nach 10 Jahren Beruf stellen sich Fragen: Ist das weiterhin mein/
  unser Lebensstil? Was sind meine/unsere Lebensziele? Vielleicht
  besteht der (unerfüllte) Wunsch nach einem Kind, der die volle
  Berufstätigkeit beider Partner in Frage stellen würde.
* Da gibt es Menschen, die arbeiten bei der Kirche und haben auf
  eine eigene Familie verzichtet – sei es als Priester oder als allein-
  lebende Gemeindereferentin: (Berufs)leben für eine Vision von
  Kirche und Gemeinde. Leben und Beruf gehören ganz eng zusammen, fließen ineinander.

10 Jahre Beruf: Wie und wohin haben die Visionen getragen?
Wie haben sie sich verändert?
Verschiedenste Hintergründe spielen eine Rolle, wenn sich jemand
entscheidet, das Berufsjubiläum zu feiern.
Für jede und jeden ist dies auch Anlaß, auf die eigene Berufs-
geschichte zurückzublicken – etwa mit folgenden Fragen:
– Wie bin ich auf diesen Beruf gestoßen?
– Warum habe ich gerade diesen gewählt und nicht einen ähnli-
chen oder ganz anderen?
– War er eine Notlösung?
– Welche Rolle spielten Kriterien wie: mit oder für Menschen et-
was tun, geregelte Arbeitszeit, Verdienst- und Aufstiegsmöglich-
keiten, etwas produzieren, Vereinbarkeit von Beruf und Fami-
lie ...?
– Was ist mir in meinem Beruf heute wichtig?
– Wo gab es in meiner Berufsgeschichte Krisen, Umbrüche, Auf-
brüche?
– Wie bin ich mit Durststrecken zurechtgekommen?
– Erlebe ich meine Berufsentwicklung als Weg mit Perspektiven
oder eher als Sackgasse?
– Wie leicht oder schwer sind mir einzelne Jahre gefallen?
– Was waren tolle Erlebnisse, Erfolge und Ereignisse, an die ich
mich gern erinnere?
– Was hat mich persönlich gefordert, bereichert, weitergebracht?
– Welche Menschen waren für mich Vorbilder, haben mich unter-
stützt und gefördert?
Die Fragen dienen der Vorbereitung auf die Feier des 10-jährigen
Berufsjubiläums. Die/der JubilarIn möge sich für diese Fragen und
das, was ihr/ihm darüberhinaus wichtig ist, Zeit nehmen.

• • **Zur Feier**

10 Jahre Beruf – ein Grund zum Feiern?
Auf ein größeres Stück Lebensweg zurückzuschauen und im
wahrsten Sinne des Wortes „etwas geschafft zu haben", sind gute
Gründe.

Dankbar zu sein für die Arbeit, in einer Zeit, in der es nicht selbstverständlich ist, eine bezahlte Arbeit zu haben, dankbar zu sein für die eigene persönliche Entwicklung, für Kontakte zu KollegInnen, die bereichern, für Erfolge, für das Mitten-im-Leben-Stehen ..., all das darf benannt, gefeiert und geteilt werden.
Die Feier kann in verschiedenem Rahmen stattfinden und ganz unterschiedlich gestaltet sein:

* Es ist denkbar, daß jemand für sich alleine feiern möchte, etwa einen Rückblick hält und sich etwas Schönes gönnt.
* Andere wollen mit Menschen feiern, die ihnen nahestehen und mit ihrem Beruf oder Werdegang verbunden sind. Diese Menschen können die Feier bereichern, weil sie aus ihrer Sicht etwas zu der Berufsgeschichte der/des Jubilarin/s beitragen können.
* Manche möchten den Anlaß groß feiern – mit vielen KollegInnen, FreundInnen und GönnerInnen.

Die folgenden Vorschläge verstehen sich als Hilfe und Anregung für die eigene Gestaltung des Jubiläums.

* * Ablauf der Feier

Die Feier gliedert sich in drei Teile: Ein erster Teil widmet sich den vergangenen 10 Berufsjahren, ein zweiter Teil hat die Gegenwart im Blick. Ausschau nach der Zukunft zu halten, bildet den Schwerpunkt eines dritten Teiles.

1. Teil: Auf 10 Jahre Berufstätigkeit zurückblicken

Im ersten Teil der Feier blickt die/der JubilarIn erzählend und darstellend auf 10 Jahre Berufstätigkeit zurück – äußert Erinnerungen, Erfahrungen, Schmerzliches und Schönes. Die Gäste bringen sich mit ihren Wahrnehmungen dieser Berufszeit ein.
Der erste Teil hat die Funktion, das Gewesene anzuschauen, es anzunehmen, wie es war, und dafür zu danken. Die oben aufgeführten Reflexionsfragen dienen der Vorbereitung des Rückblicks. Die/der JubilarIn empfängt die Gäste und führt sie in den Raum der Feier.

Rückschau

Der Rückblick auf die vergangenen zehn Jahre kann ganz unterschiedlich gestaltet werden. Eine mag vielleicht eine Landschaft legen und mit Gegenständen und Symbolen die Vergangenheit nachzeichnen. Jemand anderes pickt die Meilensteine heraus, macht sie sichtbar und erzählt von ihnen. Eine weitere Möglichkeit besteht darin, Produkte zu zeigen, die man in den 10 Jahren hergestellt hat. Vielleicht hat die/der Betreffende vom Arbeitsplatz und von KollegInnen auch Fotos, die herumgereicht und kommentiert werden können.

Der Phantasie sind keine Grenzen gesetzt. Wer mag, kann es aber auch schlicht halten und einfach ein bißchen erzählen, wie es war.

Kehrvers

Die Erzählung und Darstellung kann immer wieder durch einen Kehrvers gegliedert werden:

z.B.

- „Wechselnde Pfade" *(siehe Seite 65f)*
- *Eine:* Es wurde Abend, und es wurde Morgen: der 1., 2... Abschnitt.

  Alle: Und Gott sah, daß es gut war.

  (nach Gen 1)
- „Ich gehe meinen Weg vor Gott im Lande der Lebenden" *(Gotteslob Nr. 528, 3)*

Abschließend können die Gäste ihre Wahrnehmungen und Erinnerungen hinzufügen – z.B. wie sie diese zehn Berufsjahre erlebt haben. Der Kehrvers kann spontan wiederholt werden.

Dankgebet

JubilarIn: Gott,

10 Jahre Beruf –

eine reiche Zeit.

Ich habe sie mitgestaltet durch meine Entscheidungen,

durch meine Art.

Anderes ist einfach geworden, hat sich entwickelt oder

sich so ergeben.

Es waren meine Jahre,

kostbare Jahre meiner Lebenszeit.
Ich danke dir für die schönen Momente
und die schwierigen –
denn gerade die schwierigen haben mich manchmal weiter
gebracht.
Ich danke dir
für alles, was ich geleistet habe,
für das Gelungene und das weniger Gelungene –
denn gerade aus dem weniger Gelungenen habe ich viel gelernt.

Alle: Gott,
wir danken dir.
Durch unsere Arbeit
gestalten wir deine Schöpfung.
Amen.

2. Teil: Die Gegenwart in Augenschein nehmen

Im zweiten Teil der Feier steht die gegenwärtige Berufssituation
im Mittelpunkt. Die/der JubilarIn nimmt den Beruf in Augenschein,
wie sie/er ihn jetzt erlebt, welche Sonnen- und Schattenseiten er
für sie/ihn hat und was sie/er in dem Beruf gibt und von dem Beruf
zurückbekommt.
Die Gäste sind erneut eingeladen, ihre Wahrnehmungen mitzutei-
len.
Der Schwerpunkt liegt auf der differenzierten Wahrnehmung und
auf der Zusage Gottes.

Bilanz der Gegenwart

Die/der JubilarIn widmet sich der gegenwärtigen Berufssituation
und dem gegenwärtigen Berufserleben. Dazu stellt sie/er einen Korb
in die Mitte, der ein Symbol für die Gegenwart enthält. Die/der
JubilarIn nimmt es in die Hand, zeigt es allen und erzählt dazu
ihre/seine Gegenwartsgeschichte:

– Zur Zeit mache ich …
– Mir gefällt, mich bereichert, mich erfüllt … (Aufgaben, Erfolge,
  Personen)

- Mir gefällt weniger/nicht ...
- Ich gebe in meinem Beruf ...(Kraft, Ideen, Zeit, ...)
- Ich bekomme ... (Anerkennung, Geld, ...)
- Mein Beruf und meine Familie ... (Verhältnisbestimmung)
- Mein Beruf und ich ... (Verhältnisbestimmung)

Die Mitfeiernden schließen sich an, indem das Symbol herumgereicht wird und jede Person sagen kann, was ihr zu diesem Symbol einfällt – wie sie die gegenwärtige Berufszeit der/des Jubilarin/s erlebt.
Anschließend wird das Symbol wieder in den Korb zurückgelegt.
Eine andere Variante bilden die Symbole von Licht und Schatten.
Mit gelben und grauen Tüchern oder Papierstreifen werden die Licht- und Schattenseiten des Berufes dargestellt.

Zusage
Ein Gast liest eine Zusage aus der Bibel:

Römer 12,1–8: „Von den unterschiedlichen Begabungen"

Das Bibelwort kann kurz miteinander besprochen oder von einer Person auf die Situation hin gedeutet werden.

Psalmgebet
Psalm 104,10–23, „Ein Loblied auf den Schöpfer", wird im Wechsel gebetet.
(Gotteslob Nr. 744,1+2)

3. Teil: In die Zukunft – auf die nächsten 10 Jahre – blicken

Im dritten Teil des Rituals wird der Blick nach vorne gerichtet – in die Zukunft. Wünsche, Pläne und Hoffnungen, aber auch Befürchtungen und Ängste der/des Jubilarin/s können zur Sprache kommen. Einen breiten Raum nehmen die Wünsche der Mitfeiernden für die/den JubilarIn ein. Sie dienen der Ermutigung für die Zukunft.

Vorschau

In dem Korb in der Mitte ist noch viel Platz. Dieser leere Raum symbolisiert jetzt die offene Zukunft. Die/der JubilarIn wirft einen Blick in die Zukunft und erzählt den Gästen, was sie/er sich für die kommende Zeit wünscht, was sie/er befürchtet und hofft.

Wünsche und Geschenke

Die eingeladenen Gäste haben Geschenke mitgebracht, mit denen sie Wünsche und Stärkung für die berufliche Zukunft der/des Jubilarin/s verbinden. Alle Gäste legen ihre Geschenke in den Korb, der jetzt zum Geschenkkorb wird – eine alte Tradition bei derartigen Jubiläen.

Die Mitbringsel können ganz klassische Geschenkkorb-Utensilien sein, wie Blumen, Nahrungsmittel und Getränke.

Alternativ können Teelichter angezündet und verbunden mit Wünschen auf die Sonnenstrahlen und Schattenseiten gestellt werden.

Lied

„Geh den Weg, den du gehen willst"

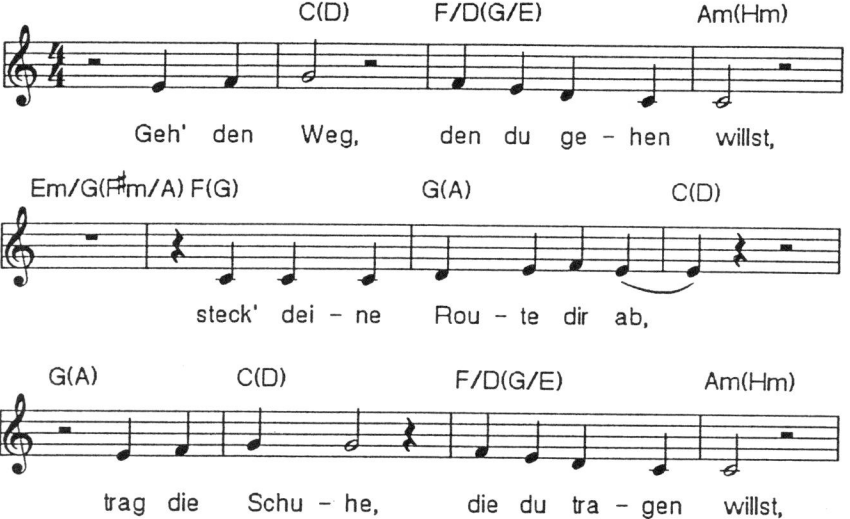

Text: Christiane Bundschuh-Schramm; Musik: Michael Schramm

Segen
Ein Gast spricht einen Segen über die/den JubilarIn:

Gott segne dein berufliches Wirken,
Gott halte seine Hand über jede Stunde deiner Arbeit.
Gott schenke dir das Recht, Erfolg zu haben und Fehler zu machen.

Gott helfe dir in der Balance zwischen Beruf und Familie,
Arbeit und Ruhe.
Gott segne alle, die mit dir dein Berufsjubiläum feiern,
Gott, der uns Vater + ist und Mutter,
Wegbegleiter und Freund,
Weisheit und Atem.
Amen.

Jutta Schnitzler-Forster und Christiane Bundschuh-Schramm

• • •

Ritual zum Kinderwunsch

• • **Zur Situation**

„Wollen wir ein Kind bekommen oder nicht"?
„Wollen wir jetzt ein Kind oder doch lieber später?"
Mit der Entscheidung für eine/n LebenspartnerIn ist der Wunsch
nach einem gemeinsamen Kind nicht mehr unmittelbar verbunden.
Früher war das anders. Meine Eltern und Schwiegereltern erzählen, daß mit ihrer Heirat die Kinderfrage bereits geklärt war. Sie
stellte sich gar nicht. Als wesentlicher Sinn einer Partnerschaft bildeten Kinder in früheren Generationen einen unhinterfragten Wert.
Heute stehen wir vor einer anderen Situation. Kinder werden zur
Frage. Der Wunsch nach einem eigenen Kind steht im Widerstreit
zu den Zielen einer Karriere, einer gleichberechtigten Partnerschaft
und der persönlichen – auch ökonomischen – Unabhängigkeit. Zu
viel steht auf dem Spiel. Auf beiden Seiten müssen große Opfer
gebracht werden: Kinderlosigkeit, Angst vor Vereinsamung und
Sinnlosigkeit auf der einen Seite, Karriereknick, Einkommensein-
bußen und Abhängigkeit auf der anderen Seite.
Vor kurzem sagte eine angehende Professorin zu mir: „In zwei Jahren werde ich trauern: entweder um die verlorene Möglichkeit, Mutter zu werden, oder um die verpaßte Karriere."

In vielen Frauen-Biographien wechseln sich Kinder- und Karrierewunsch stetig ab. Mal ist der Kinderwunsch stärker, mal der Karrieretraum. Eine eindeutige Entscheidung kann oft nicht gefällt werden. Ich glaube, sie ist auch nicht möglich. Bei jeder Entscheidung – egal wie sie ausfällt – bleibt ein Rest ungeklärt und fraglich. Die Ambivalenz der Gefühle wie der Situation kann nicht gänzlich aufgehoben werden. Die Zukunft läßt sich nicht vollkommen planen und absichern. Es läßt sich nicht vorhersehen, welche Konsequenzen die jeweilige Entscheidung hat. Eher als Gewißheiten prägen Hoffnungen und Sehnsüchte die innere und äußere Lage. Wenn sich Frauen entscheiden, schwanger werden zu wollen, wenn sich Männer entscheiden, Vater werden zu wollen, dann prägt diese Ambivalenz der Situationen und Gefühle ihre Grundstimmung. In einem Ritual zum Kinderwunsch sollen diese gemischten Gefühle nicht unter den Teppich gekehrt werden, sondern Raum erhalten, ausgedrückt und ausgesprochen zu werden. Das Paar, das sich entschlossen hat, ein Kind zu bekommen, möchte in dieser Entscheidung bestärkt werden, ohne daß die Fragen und Zweifel weggedrückt werden. Alles – Hoffnungen, Wünsche, Fragen und Unsicherheiten – soll im Ritual seinen nonverbalen und verbalen Ausdruck finden. Gleichzeitig legen die beiden ihre Entscheidung in die Hände Gottes. Sie/er möge ihren Wunsch mittragen und ihnen in der Bewältigung der bevorstehenden Aufgaben beistehen.

• • Zum Ritual

Bei Hochzeiten wird heute noch Reis gestreut zum Zeichen, daß man dem Paar Fruchtbarkeit und viele Kinder wünscht. Das Ritual greift diese alte Symbolik auf. Es wird von den beiden Personen, die miteinander ein Kind wünschen, gefeiert. Als Ort der Feier bietet sich der Eßtisch in der gemeinsamen Wohnung an. Ein Zeitrahmen von 1½ Stunden ist einzuplanen.
Vor dem Ritual sind vorzubereiten:
- am Eßtisch: 250g Milchreis, eine Schüssel, ein großes Blatt Papier, Buntstifte, eine große Kerze, Musik, später Teller und Besteck;

– in der Küche: ¾ Liter Gemüsesuppe (Instant), ⅛ Liter Weißwein, eine Zwiebel (in Würfel geschnitten), etwas Butter zum Anbraten, ein Topf und zwei Kochlöffel.

• • **Ablauf des Rituals**

Beginn
Die Partner setzen sich an den Eßtisch und sagen einander, was sie jetzt tun wollen, und was sie sich von der Feier erwarten.

Bilder
Eine Person gießt den Reis auf das große Blatt Papier, das auf dem Tisch liegt. Die Partner legen mit dem Reis und malen eventuell mit den Stiften Bilder, die in ihnen entstehen, wenn sie an ihren Kinderwunsch denken.
Eine meditative Musik hilft, sich einzustimmen und Bilder in sich aufsteigen zu lassen. Mit den inneren Bildern wird das Papier belegt und bemalt.

Austausch
Wenn beide fertig sind, zeigen sie einander ihre Bilder und erzählen sich gegenseitig, was sie geformt und dabei erlebt haben.

Beten
Eine Person zündet die große Kerze an. Die Partner legen ihren Kinderwunsch und alle Gefühle, die sie damit verbinden, in Gottes Hand. Sie formulieren frei ihre Bitten und alles, was sie Gott anvertrauen wollen.

Die Sätze können einfach formuliert werden:
– Gott, wir bitten dich, daß wir ein Kind bekommen können.
– Gott, ich habe Angst, schwanger zu werden.
– Gott, hilf, daß wir die richtige Entscheidung getroffen haben.

Alternativ oder abschließend kann ein gemeinsames Gebet folgen:

Gott,
du bist unsere Mutter und unser Vater.
Auch du warst schon einmal schwanger.
Mit der ganzen Welt
und mit uns
bist du schwanger gegangen.
Du hast alles hervorgebracht,
wie eine Mutter und wie ein Vater ihr Kind.

Gott,
wir wünschen uns ein Kind.
Wir hoffen, daß wir ein Kind bekommen können,
aber wir haben auch Angst davor.
Wir malen uns alles in den schönsten Farben aus
und fürchten doch,
daß die Wirklichkeit anders wird.

Gott,
wir legen unseren Kinderwunsch in deine Hände.
Wir wollen bei dir geborgen sein.
Segne uns in unseren Hoffnungen und Träumen.
Stärke uns in unseren Ängsten und Befürchtungen.
Amen.

Kochen

Die Partner geben den Reis in die Schüssel und bringen ihn in die Küche. Miteinander kochen sie ein Risotto. Die Zwiebel und der Reis werden in der geschmolzenen Butter angebraten, dann mit Wein und Gemüsebrühe abgelöscht. Unter Rühren kocht der Reis in ca. 20 Minuten zu einem Risotto ein. Wer mag kann frische Pilze hinzugeben und einen Salat dazu reichen.

Die Partner sorgen gemeinsam für das Gelingen des Reises. Das Rühren, bei dem eine kreisende Bewegung gemacht wird, symbolisiert die Hoffnung, daß die kommende Zeit „rund" werden möge. Es nimmt die gewünschte Zukunft vorweg, indem es Ganzheit und Gelingen ausdrückt. Die harten Reiskörner und das Wasser verwandeln sich, so wie sich jetzt das Leben der beiden zu einer vollständigen Familie wandeln soll. Die zusammen gekochte Mahlzeit stellt ein gemeinsames „Produkt" wie das erwünschte Kind dar. Die PartnerInnen tragen das Ihre dazu bei und doch hängt das Gelingen nicht nur von ihnen ab.

Essen
Wenn das Risotto fertig ist, und die PartnerInnen den Tisch gedeckt haben, wird gemeinsam gegessen und weiter gefeiert.

Christiane Bundschuh-Schramm

• • •

Feier zum 40. Geburtstag

• • **Zur Situation**

Der „Vierziger" spielt eine relativ große Rolle in meinem schwäbischen Bekannten- und Verwandtenkreis. Im Volksmund heißt es ja: „Da wird ma gscheit!"
In diesem Alter hat man/frau schon viele gute und schlechte Erfahrungen gesammelt und weiß jetzt so ungefähr, wo es in seinem/ ihrem Leben hingehen soll. Bestimmte Wünsche und Ziele der Lebensplanung sind meist erreicht – eine gute Gelegenheit, um mit Verwandten, FreundInnen und KollegInnen zu feiern.
Auch ich spüre, daß ich an einem Höhepunkt oder auch einem Wendepunkt in meinem Leben angekommen bin: der „Vierziger" als Halbzeit sozusagen.
Einerseits habe ich etwas geschafft. Dafür bin ich dankbar. Ich habe Familie, ich arbeite gern in meinem Beruf, lebe im eigenen Haus und Garten, bin in ein soziales Netz eingebunden und habe Freundschaften und Beziehungen zu vielen Menschen. Bestimmte Werte, Einstellungen und mein Glaube tragen mein Leben. Das alles freut mich, und ist auch für mich ein Grund zum Feiern.
Andererseits beschäftigen mich Fragen und Sorgen. Wie geht es

die nächsten Jahre weiter? Ich kann mich nicht auf dem Erreichten ausruhen oder einfach so weiterleben wie bisher. Ich merke immer mehr, daß meine Kraft insgesamt weniger, begrenzter und dadurch kostbarer wird.

Was will ich noch verwirklichen? Welche Träume schlummern noch in mir? Welche Ziele bestimmen unsere Partnerschaft und Familie und meinen Beruf? Wo möchte und wo kann ich mich noch engagieren? Unvorhergesehenes kann jederzeit in meine Planung dazwischentreten. Gesundheit ist nicht mehr selbstverständlich – das ist mir im letzen halben Jahr klar geworden. Eine Krankheit (chronische Polyarthritis) zwingt mich, in allen Lebensbereichen kürzer zu treten und mit meinen Kräften zu haushalten.

Am meisten macht mir zu schaffen, daß ich mit meinen Händen nicht mehr so arbeiten kann, wie ich es möchte und gewohnt bin. Das ist für mich und meine Umgebung nicht leicht zu akzeptieren. Gerade in dieser gesundheitlich schwierigen Situation erhoffe ich mir auch Zuspruch und Stärkung in meiner Geburtstagsfeier.

● ● Zur Feier

Ich lade zu meinem „Vierziger" sieben Frauen ein, die mir hier in Nagold wichtig geworden sind und bei denen ich eine gewisse Offenheit für Rituale spüre. Wir feiern morgens zwischen 9.00 Uhr und 11.30 Uhr, eine Zeit, in der unsere Kinder im Kindergarten und in der Schule sind. In der Einladung weise ich alle Frauen auf die besondere Art der Geburtstagsfeier hin und bitte sie, etwas mitzubringen, was sie mit mir verbindet oder was mit uns beiden zu tun hat.

Bei der Gestaltung des Raumes ist mir wichtig, daß er Geborgenheit ausstrahlt. Wir sitzen auf dem Boden um eine gestaltete Mitte. Für die Zeichenhandlung wird ein kleines Gefäß mit Salböl benötigt.

• • Ablauf der Feier

Du und ich – ich und Du

Jede Frau legt ihr Mitbringsel auf das Tuch in der Mitte und erzählt – besinnlich oder heiter – was sie damit verbindet. Roter Faden der Erzählungen und des Gesprächs könnten folgende Fragen sein: Was ist geworden? Was ist zwischen uns gewachsen? Was verbinde ich mit dir?

Zum Abschluß dieser Runde sage ich, was mir wichtig ist und leite über zum nächsten Schritt.

Meine Hände – Deine Hände

Ich lade alle Frauen ein, ihre Hände zu betrachten. Dazu stelle ich Impulsfragen:

– Was tun meine Hände?
– Wie sehen sie aus?
– Wenn ich sie betrachte, fällt mir ein …

Dann bitte ich die Frauen, die eigenen Hände zu reiben, zu kneten, zu spüren, zu riechen …

Über diese Fragen und Handlungen findet im Anschluß ein Austausch statt. Jede kann erzählen, was ihr eingefallen ist, was sie spürt, fühlt, erlebt.

Mit den Händen einander Gutes tun

Ich lade die Frauen dazu ein, einander etwas Gutes zu tun, einander zu stärken. Ich lade sie ein, sich und den eigenen Händen etwas Gutes widerfahren zu lassen, indem wir einander die Hände salben und dann einen Segenswunsch zueinander sagen.

Zunächst soll jede Frau in der Stille überlegen, was sie ihrer linken Nachbarin wünscht.

Bevor sie mit dem Salben beginnt, fragt sie: Darf ich? Auch ein Nein ist erlaubt.

Dann salbt jede Frau ihrer linken Nachbarin beide Handinnenflächen mit dem bereitgestellten Öl. Ich beginne damit.

Nach dem Salben sagt die Salbende ihren Wunsch.

Es ist viel Zeit zum Salben und Wünschen.

Verbunden sein – sich stärken
Nach der Salbung bitte ich die Frauen aufzustehen und sich an den Händen zu fassen. Wir spüren unsere Verbundenheit und unsere Stärke.

Wir singen den Kanon „Wechselnde Pfade" *(siehe Seite 65f)*.

Segen empfangen
Ich spreche über uns alle das Segensgebet:

Gott segne unsere Hände,
daß sie Verbindung aufnehmen,
halten und loslassen können.
Gott segne unser Denken,
daß wir fähig werden,
das Gute mit unseren Händen zu tun.
Gott segne unser Herz,
daß wir fähig werden zu lieben.
Amen.

Miteinander essen und reden
Nach diesem dichten Ritual feiern wir jetzt weiter mit Sekt und Orangensaft. Wir prosten einander zu, essen. trinken und reden miteinander.

Christel Kleine

• • •

Abschiedsritual

• • **Zur Situation**

Mit unserem Abschiedsritual möchten wir eine Idee für „kleinere" Abschiedsfeiern vorstellen. Solche Abschiede könnten sein: die Auflösung einer Gruppe, bei der alle Teilnehmenden voneinander Abschied nehmen, oder der Abschied einer/s einzelnen.

Das Abschiedsritual wurde uns wichtig, weil wir selbst erfahren haben, wie wenig Zeit wir uns für einen echten Abschied nehmen. Wochen und Monate später hängen wir in Gedanken oftmals an alten Geschichten, Begegnungen und Erlebnissen, die im Voneinander-Abschied-Nehmen keinen Platz mehr gefunden haben. Das Abschiedsritual möchte eine Möglichkeit zeigen, die gemeinsam erlebte Zeit vorbeiziehen zu lassen und abzuschließen.

Im Mittelpunkt stehen dabei die Buchstaben des Wortes „ADE": A für „aufbrechen" („abschließen"), D für „danken" und E für „erinnern" (E vielleicht auch für „entschuldigen" und gemeinsames „Erleben").

• • Zur Feier

Die Feier soll in dem Raum bzw. an dem Ort stattfinden, in bzw. an dem die Gruppe ihre gemeinsame Geschichte erlebt hat, der der zentrale Raum ihrer Begegnungen und Beziehungen war.

Die Mitte des Raumes wird mit Tüchern, einer großen Kerze und Blumen oder einem Symbol, das die Gruppe miteinander verbindet/verbunden hat, gestaltet. Um die Mitte werden Stühle gestellt oder Sitzmöglichkeiten auf dem Boden arrangiert.

Für die Feier werden ferner mehrere Teelichter, Streichhölzer, Tonpapier und Tücher gebraucht. Die Mitfeiernden sollen Symbole für die gemeinsam erlebte Zeit mitbringen.

Im Hintergrund kann meditative Musik gespielt werden.

• • Ablauf des Rituals

Ein/e LeiterIn führt die TeilnehmerInnen in das Thema Abschied ein. Sie nimmt das Wort „ADE" und zeigt anhand von dessen Buchstaben die Dimensionen des Abschiedes auf: Aufbrechen, Danken und Erinnern.

Zur Veranschaulichung der Gedanken werden die Buchstaben A,

D und E in die Mitte gelegt (aus Papier geschnitten oder mit Tüchern geformt).
Die/der LeiterIn entzündet die große Kerze in der Mitte und beschreibt das Ritual der folgenden Abschiedsfeier. Zur Einstimmung kann eine ruhige Musik im Hintergrund gespielt werden.

E – Erinnern, Erleben ...
Die/der LeiterIn lädt ein, mit dem Erinnern zu beginnen und bittet die TeilnehmerInnen, sich an die vergangene gemeinsame Zeit zu erinnern. (Impulse, Gedanken, Stichpunkte zur gemeinsam verbrachten Zeit können helfen.)
Im Erinnern werden die gemeinsamen Erfahrungen bewußt und man gewinnt gleichzeitig Abstand dazu. Das Gewesene kann betrachtet werden. So wie es war, war es gut. Dies ist ein Grund zum Danken.

D – Danken ...
Ein/e LeiterIn lädt zum Danken ein. Jede/r TeilnehmerIn kann einen Dank aussprechen und dafür ein Licht (Teelicht) an der großen Kerze in der Mitte anzünden. Das kleine Danklicht wird zur Mitte, zum Erinnerungsschatz gestellt. Es kann auch ein Licht angezündet und nichts dazu gesagt werden.
Die Mitfeiernden stellen ihre Lichter auf und nennen ihren Dank. Abschließend wird eine Kerze für alles, das unausgesprochen bleiben möchte, entzündet; und eine Kerze für die Menschen, die sich aus der Gruppe schon früher verabschiedet hatten.
(Falls bis jetzt Musik die Feier begleitet hat, sollte sie ganz leise gemacht und schließlich abgestellt werden.)

Im Bibelwort werden das Erinnerte und der Dank aufbewahrt.
Die/der LeiterIn liest vor oder spricht aus:
„Gott/Göttin sahen alles an, was sie gemacht hatten: Es war sehr gut. Es wurde Abend und es wurde Morgen. '
(Genesis 1,31)

Der Kehrvers des Spirituals „Amen" wird angestimmt und die Mitfeiernden werden nonverbal aufgefordert mitzusingen.

A – Aufbrechen ...
Ein/e LeiterIn lädt die TeilnehmerInnen zu einem Abschiedstanz ein und führt in die Tanzbewegungen ein:

„Walnut – Walnuß"
oder *„Stampftanz mit Toren"*

Symbolik:
– *„Stampfen"*: Kraftvolle Schritte sollen befreien und lösen, Altes wird festgetreten. Auf fest-gestampften Wegen kann frau und man gut weg-gehen und bei Bedarf wieder gut zurückkommen.
– *„Gehen"*: Bewußt auf Neues zugehen, Altes loslassen, sich auf Neues einlassen dürfen und müssen.
– *„Durch das Tor gehen"*: Gemeinsame Erlebnisse wieder erinnern und erneut loslassen.
Symbolisch kommen im Tanz das Abschiednehmen und das Aufbrechen vor. Der Tanz wird zweimal getanzt, wobei die Paare ihre Rolle wechseln.

Schritte:
Wir stellen uns zu zweit in einem Kreis zur Mitte gewandt. Die zwei, die zusammengehören, müssen klären, wer von ihnen rechts steht. Wer im Tanz rechts ist, bleibt am Platz stehen, wenn die linken zum nächsten Partner oder zur nächsten Partnerin wechseln. Der Wechsel (= 2. Teil des Tanzes) geht so, daß die beiden, die derzeit zusammengehören, einander die Hand geben, die sie noch nicht gefaßt haben; und die am Platz bleiben, führen mit der neu gefaßten Hand ihre/n PartnerIn auf die eigene rechte Seite, so daß sie nun für die/den nächsten die/der linke PartnerIn sind. Man selbst kann dann von links jemanden Neues erwarten.
Zuerst (= 1. Teil des Tanzes) gehen wir angefaßt im Kreis vier ruhige Schritte, dann 4 mal kräftig auf der Stelle stampfen. Beides wird wiederholt. Dann heben die zwei, die zusammengehören, langsam auf 4 Zeiten ihre angefaßten Hände so, daß sie ein Tor bilden, sehen einander dabei gut an, und tanzen beide gleichzeitig einander zugewandt in 2 Zeiten durch das Tor, beide können auf drei und vier noch mal kräftig stampfen, und dann kommt der Wechsel zum/zur nächsten PartnerIn.   Musik: Anastasia Geng

Das Abschiedsritual kann mit dem Tanz abgeschlossen werden, der durch seinen Schwung und die sich ausbreitende Fröhlichkeit die TeilnehmerInnen zum Feiern einlädt.

Als weiterer Akzent können die Danklichter aus der Mitte genommen und dem Flußlauf des Lebens, der Natur übergeben werden. Ein gemeinsamer Spaziergang zu einem nahe gelegenen Bach oder Fluß bietet sich an, um die Kerzen auf einem kleinen Holzstück davonschwimmen zu lassen.

Iris Schmid
zusammen mit Marianne Bühlmeyer,
Angelika Keßler und Maria Stenzel

• • •

Ritual zum Stellenwechsel

• • **Zur Situation**

Angesichts ständig steigender Arbeitslosenzahlen in der Bundesrepublik Deutschland gehört es schon längst nicht mehr zu den Selbstverständlichkeiten, als Glied dieser Gesellschaft auch an ihrem Arbeitsprozeß zu partizipieren. Wer heute einen halbwegs krisensicheren Arbeitsplatz hat, und dadurch nicht nur das Ein- und Auskommen gesichert sieht, sondern auch – in der Regel – die Möglichkeit erhält, die unverwechselbare Persönlichkeit im Beruf zu entfalten, kann sich glücklich schätzen.
Diese „glückliche Lebenssituation" kann jedoch nicht darüber hinwegtäuschen, daß Einladungen zu Arbeitsjubiläen – etwa unter dem Motto „Seit 25 Jahren im Betrieb", oder „Seit 40 Jahren im Dienst" – höchst selten geworden sind. In unserer Generation kann man auf solche Ereignisse kaum noch stolz sein.
Weniger Kontinuität und Beständigkeit, als vielmehr Flexibilität und

vor allem Mobilität stehen im Bereich gegenwärtiger Erwerbsarbeit hoch im Kurs. Mit anderen Worten: Wer Wert darauf legt, „ein Leben lang" beschäftigt zu sein, wird im Verlauf ihres/seines Arbeitslebens (Ausnahmen bestätigen die Regel und hängen nicht zuletzt vom Alter der betreffenden Person ab) unweigerlich mit der Tatsache konfrontiert werden, ihre/seine Stelle irgendwann wechseln zu müssen.

Dabei kann ein Wechsel der Arbeitsstelle recht unterschiedlich erlebt und interpretiert werden, je nachdem, aus welchem Grund dieser Schritt notwendig erscheint. Beförderungen beispielsweise, die aufgrund von berufsspezifischen Fort- und Weiterbildungsmaßnahmen und dadurch erworbener (Zusatz-)Qualifikationen möglich wurden, können beflügelnd wirken. Zwar bedeuten sie nicht selten den Wechsel der Stelle, sind aber in der Regel mit einem höheren Einkommen und folglich höherem Lebensstandard verbunden und scheinen deshalb plausibel zu sein. Einerseits empfinden die Betreffenden Freude wegen der Übertragung von mehr Verantwortung – darin kommt ein Vertrauen der Vorgesetzten zum Ausdruck; andererseits kann sich diejenige/derjenige aber auch leicht überfordert fühlen aus Angst, den neuen, (noch nicht) abschätzbaren Aufgaben und Anforderungen nicht gewachsen zu sein.

In anders konstituierten Fällen kann ein Wechsel unfreiwillig geschehen; er wird um so schmerzlicher erfahren, je mehr mit dem bisherigen Arbeitsplatz auch eine Konsolidierung der Wohnsituation einhergegangen ist.

Ein Stellenwechsel bedeutet durchaus einen Wendepunkt in der eigenen Lebensbiographie; und oftmals zieht ein derart radikaler Schritt Kreise. Tangiert wird zunächst der Kreis des mir vertrauten, eigentlichen Arbeits-„platzes", in dem ich mich zu Hause und sicher fühlte, weil ich mich als kompetent in dem mir übertragenen Aufgaben- und Verantwortungsbereich erfahren habe. Berührt wird auch der Kreis der bisherigen Arbeitskolleginnen und -kollegen, das soziale Umfeld an (Arbeits-)Beziehungen, von dem eine Trennung ansteht. Für diejenige/denjenigen, die/der nicht allein lebt, kommt der engere Kreis der Familie hinzu. Für sie bleibt ein Wechsel des Arbeitsplatzes nicht ohne Folgen. Die Wohnung oder das Haus, in dem sich die Familienangehörigen so eingerichtet hatten, daß sich alle wohlfühlen konnten, muß möglicherweise aufgegeben werden. Das im Laufe der Zeit entstandene soziale Netz am Wohnort und in der näheren Umgebung kann in der bestehenden Form kaum aufrechterhalten bleiben. Die Kreise engerer Bindung zu Nachbarn, Freundinnen und Freunden werden aufgebrochen. Die geographische Lage, die Gegend, in der man seither sein Leben eingerichtet hatte, muß verlassen werden. In der Tat bedeutet ein Stellenwechsel einen radikalen (d.h. „an die Wurzel gehenden") Einschnitt in der Lebensgeschichte.

Ein solcher Schritt wird begleitet sein von Erinnerungen an Erlebtes, Erfahrenes – sowohl positiver als auch negativer Art. Wer sich am Arbeitsplatz wohlgefühlt hat, wird Schmerz empfinden über den Weggang, selbst wenn er im Zusammenhang eines beruflichen Aufstiegs steht und zudem finanzielle Verbesserung verspricht. Wer jedoch geht, weil die Situation am Arbeitsplatz unerträglich geworden ist (z.B. wegen starker psychischer oder physischer Überlastung durch zu hohe Erwartungen seitens Vorgesetzter; oder wegen des subjektiven Eindrucks, an dem Platz, an dem man arbeitet, fehlbesetzt, vielleicht sogar überflüssig oder -qualifiziert zu sein; zu denken wäre auch an den Fall, dem häufig vorkommenden Mobbing der Arbeitskolleginnen und -kollegen nicht mehr standhalten zu können, weil die Grenze des Erträglichen überschritten ist), dem wird ein Stellenwechsel gerade recht kommen, der/die wird Freude empfinden über die lang ersehnte Trennung von unerträglichen Belastungen.

Gleichwohl ob der Stellenwechsel geschieht, weil ein berufliches Weiterkommen diesen Schritt erfordert, oder weil ein Arbeiten am bisherigen Platz nicht mehr möglich erscheint – die Angst vor der Zukunft, die Angst vor dem, was auf eine/einen zukommt, wird mehr oder weniger groß sein. Ungewißheit, wie es an der neuen Stelle werden wird, ob es gelingt, sich am neuen Wohnort rasch einzuleben, ob Sozialkontakte zustandekommen, ob die Wahl des neuen Arbeitsplatzes die richtige Entscheidung gewesen ist – all diese Bedenken werden die Gefühle Betroffener begleiten. Trotz dieser zahlreichen Fragezeichen dürfte aber auch eine andere Haltung ebenso stark sein: Hoffnung auf eine gute (vielleicht bessere) Zukunft – für alle!

• • Zum Ritual

Ein Ritual zum Stellenwechsel hat vor allem diese ambivalenten, inneren Empfindungen einzufangen und aufzugreifen. Es soll die negativen Gefühle nicht verdrängen, sondern auf jeden Fall verbalisieren; andererseits betont es in seiner aufrichtenden Funktion die „Durchlässigkeit" menschlicher Erfahrungen auf Gott hin. Somit steht am Ende gerade nicht Angst oder gar Resignation in Anbetracht der neuen Situation (in allen Kreisen, die berührt werden), sondern Hoffnung auf einen Zuwachs an Lebensqualität, der weit mehr bedeutet als eine Gehaltserhöhung.

Um das Ritual zum Stellenwechsel vollziehen zu können, müssen zuvor einige Vorbereitungen getroffen werden. Auf diesen an die Wurzel gehenden Einschnitt in der Lebensbiographie sollte sich die betreffende Person nach der getroffenen Entscheidung für einen Wechsel des Arbeitsplatzes (und Wohnortes) sukzessive einstellen. „Allmählich Abschied nehmen" kann helfen, den abrupten Weggang ein wenig abzufedern. Insbesondere Menschen, die sich mit Neuerungen eher schwertun, sollten sich Zeit nehmen fürs „Verabschieden".

Konkret kann das heißen: Wenn Gedanken an den Schritt aufkommen, diese nicht verdrängen, sondern „hochkommen" lassen und nach Möglichkeit mit vertrauten Personen besprechen; Gelegenheiten zum Ade-Sagen zu Arbeitskolleginnen und -kollegen (unabhängig davon, ob im Laufe der Zeit eine lebensfördernde oder lebenseinschränkende Beziehung entstanden ist) wahrnehmen; wer mit dem Reden über die innere Gefühlslage Schwierigkeiten hat, kann ihre/seine Gedanken auch zu Papier bringen und möglicherweise in Form eines Briefes Freundinnen oder Freunden schreiben.

• • Ablauf des Rituals

Nähere Vorbereitung

Für das Ritual benötigt die den Arbeitsplatz wechselnde Person zwei größere Plakate (mindestens DIN A2, besser DIN A1); dicke und dünne Stifte in mehreren Farben; eine große Schere; Musik, die die innere Sammlung unterstützen kann; schließlich zwei „Rosen von Jericho" in einem geeigneten Gefäß und Wasser in einem Krug. Für den Ort der Feier eignet sich ein Raum in der Wohnung (oder im Haus), der ein wenig Ruhe ausstrahlt und genügend Platz auf dem Fußboden bietet. Wer in einer Partnerschaft lebt und zudem Familie hat, sollte das Ritual auf jeden Fall in diesem vertrauten Kreis feiern, weil von einem Stellenwechsel immer auch Personen aus dem Nahbereich betroffen sind. Damit bei der eigentlichen Feier genügend Zeit zur Reflexion und zum gegenseitigen Austausch bleibt, sollten vor Beginn die beiden Plakate auf dem Boden liegen; etwas an der Seite sind Stifte, Schere, die Rosen von Jericho und Wasser in einem Krug bereitgestellt.

Im Zeichen des Abschieds: Drei Kreise ziehen
Die an der Feier des Rituals Beteiligten finden sich im einladend gestalteten Raum ein und suchen sich – um die beiden Plakate herum (das eine symbolisiert den noch bestehenden Arbeitsplatz, das andere den zukünftigen) – bei meditativer Musik einen für sie geeigneten Platz. Wenn alle eine bequeme Sitzhaltung (am besten auf dem Boden) eingenommen haben, versuchen sie, schweigend zur Ruhe zu kommen und sich einzufinden. Die Person, die den Arbeitsplatz wechselt, übernimmt die Leitung des Rituals.
In die Mitte des ersten Plakates malt sie zunächst einen kleineren Kreis. Dieser symbolisiert den bisherigen Arbeitsplatz. In diesen Kreis hinein schreibt die Person selbst Begriffe, die mit diesem „Platz" (noch) zu tun haben und fordert auch die Familienmitglieder auf, Stichworte zu notieren, die aus Erzählungen von Erlebtem an der Arbeitsstelle „hängengeblieben" sind. Die Begriffe werden negativ ausfallen, wenn die Arbeit als durchgängig belastend erlebt wurde und positiv, wenn sie durchgängig bereichernd erfahren wurde.
Ein zweiter, größerer Kreis (um den bereits aufgezeichneten herum) wird gemalt. Er symbolisiert den Beziehungskreis zu den Arbeitskolleginnen und -kollegen, das soziale Umfeld an (Arbeits-) Beziehungen. Auch in diesen hinein schreibt die Person selbst und die Familienangehörigen Begriffe, die im Zusammenhang mit den

Kolleginnen und Kollegen stehen. Wut über einen Mitarbeiter, oder Freude über die gute Zusammenarbeit mit einer Mitarbeiterin sollen nebeneinander Platz haben (die ambivalenten Gefühle dürfen ausgedrückt werden).

Hinzu kommt ein dritter Kreis, der in seiner Bedeutung nur allzu leicht unterschätzt werden kann; es geht um den der Familie sowie um den der Bindungen im Nahbereich – zu Nachbarn und FreundInnen vor Ort. Bei diesem Kreis werden alle in gleichem Maße beteiligt sein und ihre Assoziationen niederschreiben können.

Gemeinsamer Austausch
Erst jetzt, nachdem die Musik abgestellt wird, kommt es zu einem Austausch untereinander. Jede/jeder erhält Gelegenheit, zu den einzelnen Stichworten Stellung zu nehmen, sich zu explizieren. Durch Nachfragen werden manche Punkte klarer werden.

Durchbrechen der Kreise
Wenn die Aussprache zu einem relativen Abschluß gefunden hat, nimmt eine/einer der Anwesenden die bereitgehaltene Schere und schneidet vom äußeren Rand des Plakates ausgehend bis hin zur Mitte des inneren Kreises ein Stück Papier heraus (etwa in Form eines Tortenstückes). Dieser auf affektiver Ebene wahrnehmbare (Ein-)Schnitt und dieses Heraustrennen versinnbildlicht das Durchbrechen aller bisher bestehenden Kreise. Alles in sich Geschlossene, alles, was sich zu einem bergenden Kreis geformt hatte, wird durch den Stellenwechsel aufgebrochen. Nichts wird bleiben wie es seither war.

In die entstandene Lücke wird nun eine „vertrocknete" Rose von Jericho hineingestellt. Sie dient als Zeichen der Trauer und des Schmerzes über den Weggang. Alle erhalten nochmals Gelegenheit, ihrer Trauer Ausdruck zu verleihen.
Als Abschluß beziehungsweise Bindeglied zwischen dem ersten und zweiten Plakat, gewissermaßen zwischen der alten und neuen Stelle liest jemand den Text Offenbarung 21,1–6. Er macht die „Durchlässigkeit" dieser menschlichen Situation auf Gott hin deutlich –

„Denn was früher war, ist vergangen" (Offb 21,4) – und leitet über zur folgenden Vision.

Eine Vision entwickeln – drei neue Kreise ziehen

Nun wird wieder ruhige Musik gespielt, die zur Sammlung einlädt. Motiviert durch den Text Offb 21,1–6 soll nun eine Vision entwickelt werden im Blick auf die neue Arbeitsstelle und den neuen Wohnort.

In die Mitte des zweiten Plakates malt ein/e TeilnehmerIn des Rituals einen kleineren Kreis. Er symbolisiert den neuen Arbeitsplatz. In diesen Kreis hinein werden Begriffe geschrieben, die die betroffene Person mit der neuen Stelle verbindet. Hoffnungen und Visionen können hier „zur Sprache" kommen.

Ein zweiter Kreis wird gemalt (entsprechend dem ersten Plakat). Er versinnbildlicht die Beziehungen zu den zukünftigen Arbeitskolleginnen und -kollegen, das neue soziale Umfeld an (Arbeits-) Beziehungen. In diesen hinein schreibt die Person selbst, aber auch diejenigen, die es möchten, Wünsche und Hoffnungen im Zusammenhang mit dem neuen Umfeld.

Hinzu kommt ein dritter Kreis, der den der Familie sowie den der Beziehungen im Nahbereich symbolisiert. Ebenso wird hier eine Vision entwickelt, etwa unter der Leitfrage: Was kann die zukünftige Arbeitsstelle an neuer Lebensqualität für die Familie (und die anderen Freundschaften) bedeuten? An dieser Erarbeitung der Vision sollten sich möglichst alle beteiligen.

Gemeinsamer Austausch

Nach dem Abstellen der Musik kommt es zu einem Austausch untereinander. Trotz der Zielperspektive „eine Vision entwickeln" dürfen auch Bedenken und Ängste geäußert werden. Nach gründlicher Aussprache stellt jemand die andere Rose von Jericho in die Mitte des zweiten Plakates, und eine andere Person gießt (am besten sehr warmes) Wasser darauf. Nach einer gewissen Zeit wird die Rose aufblühen und grünen. Sie ist ein sinnhaftes Zeichen der Hoffnung in der Situation von Ungewißheit.

Hoffnung auf einen Zuwachs an Lebensqualiät

Im Anschluß daran liest jemand Matthäus 6,25–33. Dieser Text macht die aufrichtende Funktion dieses Rituals nochmals explizit deutlich und ruft auf zur Sorglosigkeit und zum Vertrauen angesichts der neu zu erwartenden Umstände.

Abschluß mit einem Gebet

Zum Abschluß beten alle gemeinsam z.b. folgendes Gebet und vertrauen sich darin Gott an:

Herr,
du kennst unsere Schwäche.
Du weißt, wie leicht wir den Mut verlieren.
Du weißt,
wie ängstlich wir unsere Schritte setzen.
Aber du hast uns gerufen.
Darauf verlassen wir uns.

Wir wissen nicht, ob etwas herauskommt
bei allem, was wir in deinem Namen tun.
Aber das Werkzeug
braucht sich nicht zu ängsten
um den Sinn des Werks.
Du hast uns in die Hand genommen.
Brauche uns.
Amen.

Jörg Zink

Variationsmöglichkeit

Das Ritual kann auch in abgewandelter Weise vollzogen werden. Sollten sich die beteiligten Personen mit der Schreibmeditation auf den Plakaten nicht anfreunden können, kann die Form variiert werden.

Im Mittelpunkt stehen dann lediglich die beiden Rosen von Jericho und die Texte Offb 21,1–6 sowie Mt 6,25–33. Statt der Aufzeichnungen geschieht der Vollzug primär in der Form des Aus-

tausches. Die unterschiedlichen Rosen bieten Assoziationsmöglich-
keiten für ein gemeinsames Gespräch.

Uwe Bögershausen

• • •

Ritual zum Stellenwechsel

• • Zur Situation

Ein Stellenwechsel ist eine ernste Angelegenheit, reicht er doch in
existentielle Tiefen. Mit der Arbeit ernähre ich mich und, so ich
Familie habe, meine Lieben. Das tägliche Brot, das Dach über dem
Kopf, die lebensnotwendigen Güter wie auch die Güter, die das
Leben bereichern und bunt machen, alles wird erst möglich, wenn
ich eine ausreichend bezahlte und einigermaßen gesicherte Arbeit
habe. Und das ist heute wirklich keine Selbstverständlichkeit mehr.
Ein Stellenwechsel löst an dieser Stelle Ängste aus, die sich in Fragen artikulieren: Ist es wirklich sinnvoll zu wechseln? Was erwartet mich? Ist der Arbeitsplatz sicher? Paßt er zu mir und meinen
Fähigkeiten? Werde ich den Anforderungen gerecht? Wäre es nicht
sinnvoller, bei der alten Arbeit zu bleiben?
Welche Ängste werden erst mobilisiert, wenn der Arbeitsplatzwechsel erzwungen ist, weil der alte Platz wegrationalisiert wurde?
Das ist aber nicht der einzige Aspekt. Arbeit dient dem Menschen
nicht nur der Existenzsicherung. Arbeit ist immer auch Selbstver-
wirklichung. In ihr drückt sich der Mensch aus. Im Idealfall mün-
den die Fähigkeiten und Interessen eines Menschen in einen bestimmten Beruf, der dazu hilft, die Energie eines Menschen in einen
segensreichen, produktiven Prozeß zu führen. Arbeit hängt stark
mit der Person eines Menschen zusammen. Schwierigkeiten und

mögliche Erfolgserlebnisse eines bestimmten Arbeitsplatzes müssen zu der Person passen, die diese Arbeit ausführt. Von daher berühren Fragen eines Stellenwechsels nicht nur die leiblich-existentielle Ebene, sondern auch die Identität eines Menschen, die seelisch-existentielle Ebene.

Spätestens an diesem Punkt kommt für einen religiösen Menschen die Größe ins Spiel, die wir Gott nennen. Die seelisch-existentielle Ebene fragt nach der je eigenen Bestimmung, nach dem, was Gott in unserem Leben verwirklicht haben will. Theologisch gesprochen ist es die Frage nach der je eigenen „Berufung". Ein Stellenwechsel bezieht sich immer auch auf den, der das Leben trägt.

Doch auch für den, der sich als Atheist bezeichnet, oder auch für die, die mehr oder weniger unreflektiert die Frage nach einem Gott praktisch aus ihrem Leben ausgeklammert hat, taucht hier die Frage nach einer Lebensmitte, nach einer Sinngröße des Lebens auf. Arbeit bezieht sich auf eine transzendente Größe – sei es eine unpersönliche Wertordnung oder eine zentrale persönliche Mitte, Gott. So muß ein Stellenwechsel immer auch in bezug auf eine zentrale Mitte gesehen werden. Ein Stellenwechsel ist kein lineares Geschehen zwischen zwei Arbeitsplätzen, sondern ein Geschehen in vielfältigen Beziehungen zwischen mir, meiner Umwelt und meiner Lebensmitte – mit sehr vielen Fragen und mit vielen Übergängen und Unsicherheiten.

∗ ∗ Zum Ritual

Das Ritual, das ich hier vorstelle, bezieht sich auf einen Reflexionsprozeß, der sechs Monate dauerte. Ein Ritual kann immer nur auf dem Hintergrund eines Reflexionsprozesses lebendig sein. Dieses Ritual wirkt nicht aus sich selbst heraus, sondern nur insofern, als es gegangene Wege, gedachte Gedanken, durchlebte Hoffnungen und Ängste ausdrückt, noch einmal ins Bewußtsein hebt und damit auch einen Schlußpunkt für bestimmte Prozesse setzt.

Aus diesem Grund möge jeder/jede, der/die dieses Ritual anwenden will, sich seines/ihres Weges bewußt werden und das Ritual entsprechend abändern.

Der Prozeß, der den Stellenwechsel begleitete, hatte sieben Stationen. Jede Station enthält eigene Fragen, eigene Denkprozesse, eigene Stimmungen und eigene Aktionen. Sie heißen:

1. Bewußtmachung
In dieser Station wird mir die Situation bewußt. Hier wird klar, daß
die alte Arbeit für mich nicht mehr richtig ist. Es gibt Verletzungen,
die nicht mehr zu heilen sind. Arbeit erscheint sinnlos. Es gibt Personen, mit denen ich nicht klar komme. Oder – es wird gekündigt.
Die Fragen, die in diesem Zusammenhang bedacht werden müssen, sind: Was verletzt mich? Warum? Gibt es Möglichkeiten, das
zu ändern? – Welche Wünsche habe ich für meine Arbeitsstelle? –
Welche Pflichten habe ich (gegenüber meiner Familie, gegenüber
mir selbst)? Was möchte ich als Lebensstandard beibehalten (Wohnung, Auto, etc.)? Wieviel muß ich verdienen? – Welche Ausbildung, welche Fähigkeiten, welche Kompetenzen kann ich vorwei-
sen? Welche Möglichkeiten habe ich damit? – Was sind meine
Lebensziele? Was möchte ich in meinem Leben verwirklichen? Was
ist meine Bestimmung? Was will Gott von mir?
Dieser Prozeß ist der schwierigste Teil des Ganzen. Es ist gut, wenn
man sich dafür Zeit läßt und einen Gesprächspartner hat, der einem gut zuhört und damit hilft, die Gedanken zu klären. Für den
Teil „welche Möglichkeiten habe ich mit meinen Zeugnissen und
Fähigkeiten" ist es gut, das Arbeitsamt miteinzubeziehen, und/oder
aufmerksam die Zeitung auf mögliche Stellen hin zu studieren.

2. Entscheidung
Jetzt fällt die Entscheidung, den Arbeitsplatz zu wechseln, oder
diese Entscheidung ist bereits vorgegeben. Wird die Entscheidung
freiwillig gefällt, muß sie in Gedanken nochmals geprüft werden:
Ist sie in sich stimmig? Ich brauche Kraft, um die Entscheidung
durchzuführen. Das kann ich nur auf dem Hintergrund einer richtigen Entscheidung. Ist die Entscheidung vorgegeben, brauche ich
Kraft, um den Prozeß durchzustehen.

3. Kundgabe der Entscheidung und Bewerbung
Die Entscheidung muß den Betroffenen mitgeteilt werden. Die Fa-

milie hat den Prozeß miterlebt und wird als erste informiert werden. Dann müssen in der Regel Bewerbungsverfahren durchlaufen werden. Ist das zu einem guten Ende gekommen, steht also der Stellenwechsel an, müssen die Vorgesetzten und die Betroffenen informiert werden. (Kündigung, verschiedene Formalitäten, Gespräche).

4. Sorge um das Nachkommende

Je verantwortungsvoller und komplexer ein Arbeitsbereich ist, um so sorgfältiger muß er im Rahmen eines Personalwechsels übergeben werden. Die Arbeit muß so strukturiert sein, daß ein Nachfolger/eine Nachfolgerin sich schnell darin zurecht findet: Mögliche Arbeitsorganisation muß im Hinblick auf die Nachfolge geleistet werden; Personen müssen über den Wechsel informiert werden; Informationswege für den Nachfolger/die Nachfolgerin geklärt werden; für von der Arbeit Betroffene muß eine Kontinuität gewährt sein. Ich war im Bereich der schulischen Ausbildung tätig. Für die Betroffenen heißt das, daß sie nicht unter wesentlich anderen Modalitäten ausgebildet und geprüft werden können, als von mir eingeführt.

5. Verabschiedung

Ich muß mich innerlich und äußerlich von meiner Arbeit und meinen ArbeitskollegInnen verabschieden. Innerlich: Es ist nicht mehr meines. Ein Nachfolger/eine Nachfolgerin muß die Freiheit haben, die Arbeit nach seinen/ihren Grundsätzen zu gestalten. Ich will frei werden für das Neue. Äußerlich: Es wird eine offizielle Verabschiedung von den Kolleginnen und Kollegen sowie Vorgesetzten geben, eine kleine Feier mit Reden und Geschenken.
Und dann gibt es noch die kleinen Abschiede, die weh tun: von liebgewordenen Menschen, Räumen und Arbeitsvorgängen.

6. Das Neue

Was kommt auf mich zu? Ich muß mich informieren: über die Zeitung, wenn ich in eine neue Region komme; über betriebsinterne Informationsschreiben; über eine Arbeitsplatzbeschreibung; über Schulungen oder über eine Einarbeitung durch meinen Vorgänger/meine Vorgängerin. Es gibt da viele Möglichkeiten.

7. Die Übernahme des Neuen
Ich übernehme die neuen Schlüssel und damit die Verantwortung in meinem neuen Arbeitsbereich. Der Stellenwechsel ist vollzogen. Diesen Prozeß mit mehreren Stationen habe ich über ein Legebild ausgedrückt, das symbolisch den Weg nachgestaltet, den ich gegangen bin und gehe. Meine vielfältigen Erfahrungen, die dabei eine Rolle spielten, kommen zum Ausdruck. Wer das Ritual nachahmen möchte, plaziert es am besten nach bzw. während der fünften Station des eigenen Prozesses. Die Person, die den Stellenwechsel vollzieht, kann das Ritual allein oder als Feier im Freundes- und/oder Familienkreis begehen.

Das Material dazu ist in jedem Haushalt zu finden. Es kann nach Belieben abgewandelt werden:
– ein gelbes Tuch (80 x 80 cm);
– sieben braune Tücher (80 x 80 cm);
– Symbole für die einzelnen Phasen des Prozesses (siehe unten);
– Symbol für die Mitte;
– Symbol für die eigene Person (evtl. eine kleine brennende Kerze).

● ● Ablauf des Rituals

Begrüßung
Die Feier beginnt, indem ein/e Mitfeiernde/r zum Kreuzzeichen einlädt:
Wir beginnen im Namen des Vaters + und des Sohnes und des Heiligen Geistes. Wir haben uns versammelt, um mit (Name der wechselnden Person) den Arbeitsplatzwechsel vor Dir zu bedenken. Wir wollen mit ihr/ihm diesen wichtigen Punkt im Leben feiern. Wir bitten mit ihr/ihm um Versöhnung. Der Wechsel geht nicht schmerzlos vor sich. Wir freuen uns mit ihr/ihm über die neue Arbeit und bitten um Deinen Segen.
Alle: Amen.

Lied
Es kann ein Lied folgen, etwa „Kommt herbei, singt dem Herrn" (Gotteslob Nr. 270).

Einführung

Dann ergreift der/die StellenwechslerIn das Wort und sagt z.b.:
*„Ich trete heute vor Gott, um den Wechsel von einer Arbeitsstelle
zur anderen seiner Gnade anzuvertrauen. Ich bitte um Versöhnung
dessen, was verwundet ist. Ich danke für das, was gelungen ist,
und ich erbitte den Segen für das Kommende".*

Legebild

Nun beginnt der/die StellenwechslerIn mit dem Legebild. In der
Mitte liegt vorbereitet das gelbe Tuch, zu einem Kreis gefaltet.
Darum herum gruppieren sich die sieben braunen Tücher, eben-
falls zu Kreisen gefaltet. Das gelbe Tuch symbolisiert die Mitte, Gott.
Die braunen Tücher bilden den Untergrund für die sieben Bilder,
die die sieben Stationen des Reflexionsprozesses wiedergeben.

In den gelben Kreis kann zusätzlich etwas gelegt werden, was nach
Meinung der Hauptperson Gott besonders gut symbolisiert: z.b.
ein Kreuz oder eine Kerze.
Nun beginnt er/sie mit dem ersten Bild. Die anderen Bilder werden
im Anschluß im Uhrzeigersinn gelegt.

1. Bewußtmachung der Situation
Material: Symbole für Schmerzliches und Schönes sowie für die
Hoffnungen, die man mit einer neuen Stelle verbindet, z.b. ein Stein,
Murmeln, Muscheln.
Der/die StellenwechslerIn legt bzw. stellt das Symbol für die eige-
ne Person auf das Tuch und erzählt von seinem/ihrem Prozeß des
Bewußtwerdens. Er/sie blickt auf Schmerzliches und Schönes zu-
rück und schildert seine/ihre Überlegungen im Blick auf eine neue
Stelle. Er/sie bringt die Hoffnungen, die er/sie mit einer neuen Stelle
verbindet, zum Ausdruck.
Die Fragen, die sich innerhalb des langen Prozesses stellten, können hier leitend sein.
Die Symbole werden immer während des Erzählens auf das Tuch
gelegt. Das Symbol für die eigene Person wandert mit jeder Station
mit.

Gebet:
Gott, die Arbeit, die ich getan habe, wird bald nicht mehr die meine sein. Es gab Dinge, die mir weh getan haben, und es gab Dinge, die schön waren. Ich bitte um deine Begleitung bei dem, was nun kommt.

2. Entscheidung
Material: Symbol für diese Phase (z.B. eine Schere)
Der/die StellenwechslerIn legt das persönliche Symbol auf das zweite braune Tuch und sagt z.B.:
„Ich habe die Entscheidung gefällt, meine Stelle zu wechseln. Ich bitte um Kraft, den Stellenwechsel in der richtigen Weise durchzuführen. Gott, gib mir Entschiedenheit und Hoffnung".

3. Kundgabe der Entscheidung und Bewerbung
Material: Symbole/Gegenstände wie Zeitungsannoncen, Bewerbungsschreiben, Absageschreiben, Zusageschreiben.

Die wechselnde Person erzählt von der Kundgabe ihrer Entscheidung, von den Erfahrungen beim Bewerben, von der Zusage der neuen Stelle, usw. Sie berichtet von ihren Erfahrungen und Gefühlen – von allem, was sie in diesem Zusammenhang gerne erzählen möchte.

Gebet:
Gott, es war nicht immer leicht, als es um die Suche nach einem neuen Arbeitsplatz ging. Ich danke Dir für die Hilfe, die mir gegeben wurde. Ich danke Dir für die Mitmenschen, die meine Sorgen geteilt haben und die mir den Rücken stärkten.

4. Die Sorge um das Nachkommende
Material: Gegenstände wie Zettel, Briefumschläge, Telefon.

Der/die StellenwechslerIn berichtet von seiner/ihrer Sorge um das Nachkommende, vom Aufräumen und Organisieren der Übergangszeit.

Gebet:
Gott, ich vertraue Dir meine Arbeit an. Schenke meinem Nachfol-

ger/meiner Nachfolgerin Menschen, die ihm/ihr offen und hilfsbereit entgegentreten.

5. *Verabschiedung*
Material: Geschenke von der offiziellen Verabschiedung, private Geschenke, Zeichen, etc.

Der/die StellenwechslerIn erzählt von der offiziellen und von persönlichen Verabschiedungen.

Gebet:
Ich verabschiede mich von meiner Arbeitsstelle. Bei aller Nachsorge um das, was nach mir kommt, ist diese Arbeit nun nicht mehr die meine.
Gott, ich bitte dich, um die Kraft loszulassen.
Ich bitte um Versöhnung für das, was nicht gelungen war, und ich danke für das, was gut war. Ich bitte um Deinen Segen für alle.

6. *Das Neue*
Material: Gegenstände, die zur neuen Stelle gehören (z.B. Stadtplan, Prospekt der Firma, Arbeitsutensilien, die dort benötigt werden).

Der/die StellenwechslerIn legt das persönliche Symbol in die Mitte des sechsten Tuches und erzählt von den ersten Unternehmungen im Blick auf die neue Stelle, von den Gefühlen und Ängsten, die ihn/sie umtreiben.

Gebet:
Gott,
ich stelle mich auf das Neue ein.
Gott, ich bitte um einen guten Beginn.

7. *Die Übernahme des Neuen*
Material: ein Schlüssel.

Der/die StellenwechslerIn legt das persönliche Symbol und den Schlüssel auf das siebte braune Tuch und sagt z.B.:
„Ich übernehme die neuen Schlüssel und bin bereit, die neue Aufgabe zu übernehmen. Ich bitte um Deinen Segen. Amen."

Bitten und Wünsche

Die Mitfeiernden schließen sich mit ihren Wünschen und Bitten für den Stellenwechsel und die neue Stelle an. Wenn sie Geschenke mitgebracht haben, können sie sie auf das siebte Tuch legen.

Lied

Zum Abschluß kann noch ein Lied gesungen werden, etwa „Nun danket alle Gott" *(Gotteslob Nr. 266).*

Christine Jerabek

• • •

Trennungsritual

• • **Zur Situation**

Trennungen zu feiern ist (noch?) sehr ungewöhnlich. Wenn zwei Menschen sich begegnen, gibt es vielfältige Anlässe, um ein Ritual zu feiern: die Erinnerungstage an das Kennenlernen, die zunehmende Verbindlichkeit, vielleicht eine Verlobung, manchmal ein Lebensbündnis. Menschen ziehen sich besondere Kleider an, laden Gäste ein, es gibt besondere Speisen, die Räume sind geschmückt, spezielle Musik wird gespielt etc. – all das trägt dazu bei, daß es ein Fest wird.

Und wenn zwei Menschen sich trennen? Auf den ersten Blick mutet es vielleicht seltsam an: Das Scheitern einer Beziehung ist doch kein Grund zum Feiern. Die vielfältigen Verletzungen, die Menschen sich bei Trennungen zufügen, sollen Anlaß für ein Ritual sein? Jetzt, wo sie sich trennen, sollen sie noch miteinander ein Fest vorbereiten? Oder sollen sie etwa gar alleine das Ende dieser Beziehung feiern?

Eine Feier muß nicht immer ausschließlich etwas Fröhliches sein. Sehr viele Feiern haben sogar ambivalente Themen, so z.B. eine

Beerdigung, bei der sich Trauer und Erleichterung mischen können, oder eine Hochzeit, die gleichzeitig eine Trennung von der Familie bedeutet.

Die Trennung einer Partnerschaft ist ein sehr wichtiger Anlaß für ein Ritual – ein Anlaß, für den in unserer bisherigen Tradition Formen fehlen, entweder weil eine Beziehung von der Umwelt nicht als „richtige Beziehung" angesehen wird (z.b. weil das Paar nicht verheiratet war, weil beide sehr jung waren oder in einer gleichgeschlechtlichen Beziehung lebten), oder weil eine Trennung nicht vorgesehen ist, weil sie Scheitern und Versagen bedeutet, mit dem das Paar, aber auch die sie umgebenden Menschen nur schwer umgehen können.

Eine Trennung hat oft eine sehr lange Vorgeschichte. Verletzungen, Versuche, ob es nicht doch miteinander geht, Kränkungen, Hoffnungen, ... bis hin zur (einseitigen oder beidseitigen) Entscheidung auseinanderzugehen. Die Trennung einer Partnerschaft ist ein wesentlicher Einschnitt im Leben. Vieles wird sich von nun an ändern.

Ein Ritual als Kristallisationspunkt und Unterstützung kann in dieser Übergangssituation heilend und mutmachend wirken. Es geht nicht darum, mit einer gewollt fröhlichen Feier den Schmerz, die Trauer und die Wut unter den Teppich zu kehren, sondern eine Form zu finden, die dazu beiträgt, daß dieser Übergang gelingen kann. Ein Trennungsritual kann das Geschehene, Schönes und Schweres, die Trennung mit Schmerz und Erleichterung, die Angst vor und die Freude auf die Zukunft aufgreifen, greifbar machen, Abschied ermöglichen und verwandeln. Scheitern, Schuld, Freude, Miteinander, ... – alles hat hier Platz, um eine Form zu finden, auseinandergehen zu können.

Manchmal ist eine Feier möglich für beide, manchmal hat auch nur eine/einer der PartnerInnen den Wunsch nach einem Ritual. Beides hat seine Berechtigung und für beides sind Formen möglich.

• • Zum Ritual

Das folgende Ritual habe ich mit einer Freundin zwei Wochen nach ihrer Trennung gefeiert. Ihr ehemaliger Verlobter Frederik, der in einer neuen Beziehung lebte, nahm nicht daran teil. Luisa hatte ihn nicht dazu eingeladen, weil sie den Eindruck hatte, daß Trauer und Abschied zwar für sie ein Thema waren, für ihn aber nicht. Unter diesen ungleichen Bedingungen entschied sie sich, ein Trennungsritual für sich alleine in einem kleinem, vertrauten Rahmen zu feiern – nur zusammen mit mir.

Der folgende Text läßt in seiner Kürze kaum mehr ahnen, daß dieses Ritual über zwei Stunden gedauert hat. Während der Feier haben wir beide gemerkt, wie wichtig es ist, behutsam zu sein und viel Raum zu geben, für das, was hochkommt. Ohnmacht, Wut, Traurigkeit, Tränen, Schmerz, Verzweiflung, die Frage, wie soll es weitergehen ... waren zu diesem Zeitpunkt die vorherrschenden Gefühle und Themen bei Luisa.

Spontane Änderungen in dem (grob geplanten) Ablauf wurden wichtig, weil sich während der Feier herausstellte, daß die ursprünglich gedachte Form nicht paßt. So hatte Luisa eigentlich vor, das Foto von Frederik zu vernichten. Dieser Schritt war aber dann zu groß und es war genug, das Bild von der Wand abzunehmen.

• • Ablauf des Rituals

Den Raum gestalten

Luisa wählte sich einen Platz in ihrer Wohnung, der ihr für das Ritual passend schien. Wir gestalteten diesen Platz sehr schlicht – mit blauem Samt, einer Duftlampe mit Mairosenöl, einem Blumenstock. Luisa stellte eine Tonfigur dazu, die sie selbst getöpfert hatte: eine weinende Frau, die auf dem Boden liegt. Außerdem bereiteten wir einen Salbeiaufguß, um die Wohnung zu reinigen, in der sie nach wie vor alleine leben würde, die Frederik aber mit einrichten half und in der er auch oft zu Gast war.

Ankommen

Zu Beginn sangen wir das Lied „Ich sing mein eigen Lied". Luisa hatte es kurz vorher in einer Frauenliturgie kennengelernt. Ihr gefielen die Autonomie und die Verbundenheit unter Frauen, die zum Ausdruck kommen, sowie der Schluß „... zu neuem Leben", der wie eine Verheißung klingt.

„Ich sing mein eigen Lied"

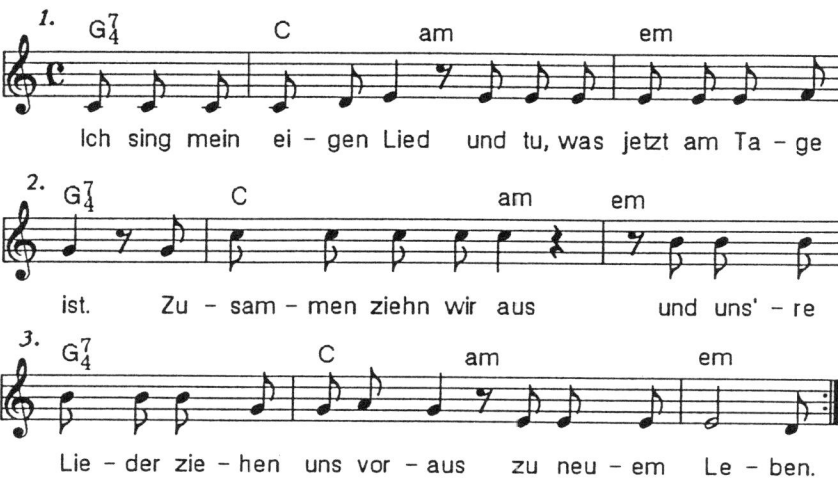

Text: Heidi Rosenstock; Musik: Bernd Schlaudt

Luisa erzählte, was ihr die Pflanze im Blumentopf bedeutete: Sie hatte sie einmal geschenkt bekommen, damit sie ihr Mut machen sollte. Das Grün symbolisierte für sie ihre Hoffnung, „dennoch weiter zu wachsen", so wie eine Pflanze selbst Steine durchbrechen kann.

Sich an die gemeinsame Zeit erinnern

Luisa malte ein Bild zu der Trennung von Frederik. Die Musik, die dazu lief („Drei Farben: Rot"), war ein Stück Erinnerung an die Beziehung, denn diesen Film hatten sie gemeinsam gesehen. Sie erzählte dann einiges zu ihrem Bild; ich sagte ihr meine Gedanken und Assoziationen dazu.

Anschließend sang sie alleine:
So wie die Nacht flieht vor dem Morgen,
so zieht die Angst aus dem Sinn,
so wächst ein Licht in dir geborgen,
die Kraft zu neuem Beginn.

Die Trennung spürbar machen
Luisa nahm ihren Verlobungsring ab und legte ihn zu ihrem Schmuck. Zu einem späteren Zeitpunkt gab sie ihn an Frederik zurück.
Eigentlich wollte sie an dieser Stelle das Foto von Frederik vernichten, merkte aber, daß dieser Schritt doch zu groß war. So nahm sie das Bild einfach von der Wand und legte es für die Dauer der Feier mit in die Mitte. Die Rosen, die sie von ihm zum Valentinstag geschenkt bekommen hatte, hängte sie ab und legte sie vorerst an einen anderen Platz. So schuf sie ein Stück „Normalität" – es waren jetzt einfach ein paar getrocknete Blumen.
Der Text „Mein Gebet für dich" stammt von einem Freund von Luisa. Sie bat mich erst, das Gebet für sie zu sprechen, anschließend las sie den Text in Gedanken für Frederik.

Mein Gebet für dich

Daß du wieder zu dir zurückfindest
und Deinen Namen sagen kannst
mit lachenden Augen und Mut in den Händen.
Daß du keine Antwort fürchtest
nur daß Deine Fragen verstummen.
Daß niemand die Flügel Deines Herzens bricht.
Daß sich die Tür vor Dir nicht schließt
wenn Du Hilfe brauchst.
Daß Du Dich vor keinem beugst
nur vor dem Kind in Dir
das weint.
Daß Du das Zaghafte an Dir
genauso liebst wie das Wilde.
Das Struppige genauso
wie das Anschmiegsame.

Daß Du warten kannst auf Dich
wenn Deine Worte zu weit gegangen sind.
Daß Du Deiner Hoffnung mehr glaubst
als Deinem Zweifel.
Daß Du wieder zu Dir zurückfindest.

Erwin Sickinger

Abschließen – den Übergang in den Alltag finden

Mit dem Lied „Du meine Seele singe" beendeten wir das Ritual. Luisa hatte es ebenfalls vor kurzer Zeit in einer Frauenliturgie in einer Frauenfassung kennengelernt. Sie verband damit die Hoffnung, die Schöpferin der Dinge möge ihr helfen, wieder froh zu werden.

„Du meine Seele singe"

Text: Esther Schmidt (nach dem Lied von Paul Gerhardt „Du meine Seele singe"); Musik: Johann Georg Ebeling

Nach dieser langen und intensiven Feier war es nun auch an der Zeit, etwas anderes zu tun. Wir haben zusammen gekocht. Ein Spaziergang, ein Konzertbesuch oder ein Ausflug ins Schwimmbad wären weitere Möglichkeiten, daß alle Mitfeiernden gemeinsam die Verbindung von Trennungsritual und Alltag greifbar machen.

Mechthild Herberhold

● ● ●

Ritual zum Übergang in das neue Jahr

● ● **Zur Situation**

Es ist evident, daß die persönliche Lebensbiographie im Verlauf eines Kalenderjahres ganz individuelle, auf die eigene Person bezogene Übergänge von einer Situation in die andere aufweisen kann. Dieser Wechsel ist nicht zwangsläufig auf den 31. Dezember fixierbar. Der Berufsstart beispielsweise, die eigene Hochzeit oder die Geburt eines Kindes – alles bedeutende Übergänge in der Lebensgeschichte – sind zwar zeitlich bestimmbar, richten sich aber (in der Regel) nicht nach dem festgelegten Jahresende beziehungsweise -anfang, obwohl sie in ihrem Charakter durchaus das Ende eines bisherigen Abschnitts und den Beginn einer anderen, neuen Phase signalisieren.

Trotz dieser individuell sehr unterschiedlich erfahrenen Einschnitte im Lauf eines Jahres bleibt jede/jeder von uns vom gesellschaftlich bestimmten, quasi offiziellen kalendarischen Jahreswechsel vom 31. Dezember auf den 1. Januar nicht unberührt. Völlig unabhängig von der eigenen Herkunft, der sozialen Stellung oder dem Alter – niemand kann sich diesem Übergang in das neue Jahr entziehen. Dieses Datum steht für alle Glieder unserer Gesellschaft an, jedes Jahr aufs Neue.

Selbst wenn wir als Einzelperson diese Erfahrung mit anderen teilen, schließt das keineswegs die Möglichkeit aus, den bisweilen als eine gewisse Gleichschaltung empfundenen Übergang in ein neues Jahr individuell und persönlich zu gestalten. Somit kann dieser Einschnitt auch für den eigenen Lebensentwurf eine Chance darstellen.

• • Zum Ritual

Der im Rahmen der persönlichen Lebensbiographie „eingebaute" Wendepunkt zum offiziellen Jahreswechsel erhält seine individuell-nachvollziehbare Prägung durch eine sinnvolle Ausgestaltung von drei aufeinander folgenden Aspekten: Rückblick, Vorausschau und Vorsatz.

Der Übergang in das neue Jahr konfrontiert den Menschen unweigerlich mit der Erfahrung von Zeit und damit von Endlichkeit. Die im Rahmen eines solchen Wendepunktes aufkommende Reflexion über die Begrenztheit menschlichen Lebens überhaupt kann, wenn sie die ausschließlich innerweltliche Dimension übersteigt, für die einzelne/den einzelnen sinnstiftend sein. Mit anderen Worten: Ein Ritual zum Jahreswechsel hat vor allem in seinem religiösen Horizont die Transparenz der menschlichen Grunderfahrung von Endlichkeit und Begrenztheit auf Gott hin deutlich zu machen.

Die zum Jahreswechsel gelegentlich aufkommenden Empfindungen von Schwermut, Traurigkeit und Melancholie sollen damit nicht verdrängt, sondern vielmehr im Ritual aufgehoben werden.

Menschen mit einer solchen Gefühlslage sollen durch die Hoffnung und Zuversicht vermittelnde rituelle Feier aufgerichtet werden; Menschen mit einem grundsätzlich optimistischen Lebensgefühl werden durch diesen Ritus gestärkt. In der expliziten Betonung der Einzigartigkeit und Unverwechselbarkeit der individuellen Lebensbiographie eröffnet das Ritual die Möglichkeit zu der vertrauensvollen Haltung: „Meine Zeit steht in Gottes Händen."

• • Ablauf des Rituals

Beginn: „Alles hat seine Zeit"

Die vorzugsweise im häuslichen Rahmen stattfindende rituelle Feier zum Übergang in das neue Jahr kann durchaus als eine alternative Form zur herkömmlichen Silvesterparty verstanden werden. Mehrere Freundinnen und Freunde werden zum Jahreswechsel mit der Bitte eingeladen, ihren Kalender vom zu Ende gehenden Jahr mitzubringen.

Haben sich alle im Haus eingefunden, setzen sich die Personen in einem für den Abend einladend gestalteten Raum (zum Beispiel das Wohnzimmer) im Stuhlkreis zusammen. Nach einer allgemeinen Begrüßung seitens der einladenden Person, die das Ritual anleitet, stellen sich die TeilnehmerInnen in der Runde kurz vor, sofern sie sich untereinander nicht kennen.

Jemand liest den Text Kohelet 3,1–8 vor. Er verdeutlicht, daß es für alles, was geschieht, eine bestimmte Zeit gibt – so auch für die Dinge, die im auslaufenden Jahr geschehen sind.

Persönliche (Jahres-)Besinnung: Rückblick, Vorausschau, Vorsatz

Alle Anwesenden erhalten nun ein weißes, unbeschriebenes Blatt Papier, etwas zum Schreiben und die Impulsfragen.
Die/der GastgeberIn lädt dazu ein, sich für max. eine halbe Stunde in die Stille zurückzuziehen und anhand des eigenen Kalenders das Jahr Revue passieren zu lassen. Dabei können die folgenden Impulsfragen eine Hilfestellung für die persönliche Reflexion bieten.

Impulsfragen zur Jahresbesinnung in drei Schritten

1. Rückblick:
   – Was war gut, ist gelungen, war heil?
   – Was war schlecht, ist mir mißlungen, war unheilvoll?
   – Wo gab es Schwierigkeiten?
   – Wo habe ich Schwierigkeiten bewältigt?

- Wo bin ich schuldig geworden?
- Wo bin ich persönlich weiter gekommen, über mich selbst hinausgewachsen?

2. Vorausschau:
Was wird mir das neue Jahr voraussichtlich bringen? Was wünsche ich mir für das kommende Jahr?
- in der Familie
- in meinem Beruf
- in meinem Freundeskreis
- in der Gemeinde
- für mich persönlich
- im Blick auf meine Gesundheit

3. Vorsatz:
Was möchte ich mir für das kommende Jahr vornehmen?
- Im Blick auf mich selbst: für den Körper und die Seele etwas tun ...
- Im Blick auf den Nächsten: nach geeignetem sozialem und/ oder politischem Engagement suchen ...
- Im Blick auf Gott: neuen Zugang zum Glauben finden ...

Auf den Zettel mit den Impulsfragen können eigene Notizen fixiert werden. Auf das leere Blatt Papier sollten ausschließlich Vorsätze für das neue Jahr notiert werden.

Austausch in kleinen Gruppen
Nachdem sich alle wieder im Stuhlkreis zusammengefunden haben, besteht das Angebot, sich in kleinen Gruppen in einem vertrauensvollen Gespräch über die Gedanken auszutauschen, die während der Einzelbesinnung gekommen sind. Es sollte den zeitlichen Rahmen von etwa einer halben Stunde nicht überschreiten.

Ein gefülltes Kalenderblatt als Schiff
Nach dem Austausch werden alle gebeten, ein Kalenderblatt des letzten Jahres herauszunehmen und zu einem kleinen Schiffchen zu falten.
Dabei ist es ratsam, nicht irgendein beliebiges Blatt zu verwenden,

sondern eines, das auf bedeutende Ereignisse (negativer oder positiver Art) verweist.
Beim Schiffe-Falten können sich die TeilnehmerInnen gegenseitig helfen.

Spaziergang

Alle TeilnehmerInnen machen sich nun mit ihrem Schiffchen auf den Weg zu einem möglichst nahegelegenen Gewässer (Fluß, Bach, Teich, See).

Das alte Jahr „ins Boot" setzen

Dort angekommen setzen sie das alte Jahr symbolisch „ins Boot" und lassen das (Kalenderblatt-)Schiffchen seinen Weg gehen.
Hierin versinnbildlicht sich das Abschiednehmen und Loslassenkönnen von Vergangenem – mögen es gute oder schlechte, heilvolle oder unheilvolle Ereignisse gewesen sein.
Anschließend treten alle den Heimweg zum Abschluß der rituellen Feier an.

Schlußbesinnung

Zu Hause angekommen wird folgendes Gebet gemeinsam gesprochen:

Heiliger Gott,
gib uns den Frieden der Ewigkeit,
den Morgen ohne Abend, das Licht ohne Nacht.

Die Zeit berührt dich nicht,
aber du gibst die Zeit.
Gib uns Frieden im Kreisen der Jahre und Tage
und den Frieden am Ende der Zeit.

Jörg Zink

Die/der GastgeberIn bittet die Anwesenden, ihr weißes Blatt, auf dem die Vorsätze notiert sind, zur Hand zu nehmen und ebenfalls zu einem Schiffchen zu falten. Im kommenden Jahr soll es als „Memo" – an einem Lieblingsplatz stehend – hin und wieder an die „guten Vorsätze" zum neuen Jahr erinnern.

Das Ritual zum Übergang in das neue Jahr schließt mit dem gemeinsamen Lied „Meine Zeit steht in deinen Händen". Darin drückt sich die vertrauensvolle Zuversicht mit Blick auf die Zukunft der einzelnen explizit aus.

Das Anstoßen auf das neue Jahr kann getrost gefeiert werden mit dem bekannten Trinkspruch: „Prosit – Neujahr! "

„Meine Zeit steht in deinen Händen"

Mut – los frag' ich: Was wird mor – gen sein?

Doch du liebst mich, du läßt mich nicht los.

Va – ter, du wirst bei mir sein. Kv

Text und Melodie: Peter Strauch; Satz: Gordon Schulz

Regina Horch-Bögershausen

• • •

Ritual in der Lebensmitte

◦ • Zur Situation

Ich dachte ...
„Ich dachte, meine Reise sei zu Ende,
die letzte Grenze meiner Kraft erreicht.
Felswand sperre meinen Pfad,
erschöpft sei meine Zehrung
und die Zeit gekommen, sich zu bergen
in der Nacht des Schweigens."

Mehrere Jahre drückte dieser erste Teil eines Gedichtes von Tagore
ein bestimmendes Lebensgefühl in meiner Lebensmittezeit aus. Er-

schöpfung und sehnsuchtsvolles Ausschauhalten waren Thema vieler Tagebuchaufzeichnungen:

„Ich suche Stille und spüre Schwere,
ich verlange nach der Quelle und tränke mich an Psalmen,
ich sehe das Meer, höre Musik und singe leise mit.
Steine murmeln am nassen Strand, ich erwache
und bin da. "
(1995)

In der Psychologie C.G. Jungs fand ich wieder, was ich erlebte: Die Lebensmitte, etwa zwischen 35 und 45 Jahren, bezeichne jenen Wendepunkt, an dem die Entfaltung des Ich sich wandeln muß zur Ausreifung des Selbst. Das Grundproblem dieser Wende bestünde darin, daß der Mensch meint, er könne mit den Mitteln und Prinzipien der ersten Lebenshälfte auch die Aufgaben der zweiten meistern.
Was aber sind „neue Mittel und Möglichkeiten", den Übergang von der ersten in die zweite Lebenshälfte zu gehen?
Angst (die sich meist äußert in „Streß"), Bedürfnis nach Stille, Erschöpfung, Vergeblichkeit und dauernde Wiederholung, alles hinter sich lassen und neu anfangen wollen, tiefe Dankbarkeit und Glück – alles lag so nah beieinander.
Zwei zentrale Themen der Lebensmitte traten – im Zusammenhang mit einer Tanzfortbildung – als große Herausforderung für mich auf: Denn, so sagt C.G. Jung, die meisten Probleme der Menschen über 35 Jahre seien religiöser Natur und das eigentliche Problem sei die Haltung gegenüber dem Tod: Von der Lebensmitte an bleibe nur der lebendig, der mit dem Leben sterben wolle.

Die Zeit der Lebensmitte
Die Zeit der Lebensmitte ist nicht festlegbar auf ein Ereignis, das allgemein verbindlich den Übergang markiert. Verschiedenste Lebenssituationen können den Übergang anzeigen, wie z.B.: Wechsel in der Familienzeit, Neuorientierung in der Partnerschaft, berufliche Unsicherheit, bewußte Entscheidung für eine Lebensform (eheliche/nichteheliche Lebensgemeinschaft, schwule/lesbische Part-

nerschaft), Auseinandersetzung mit gesellschaftlichen Entwicklungen und kirchlichen Haltungen.

„Spirituelles und persönliches Wachstum stellt sich jedoch nicht alleine dadurch ein, daß wir beschließen, unser Leben zu ändern. Wir müssen uns statt dessen ganz dem Erleben des Augenblicks hingeben und unsere Entwicklung der höheren Macht überlassen, die verborgen in uns lebt."[1]

Ein solcher Weg des Übergangs in der Lebensmitte und der inneren Wandlung ist nicht geradlinig, stetig ansteigend. Er kennt viele Windungen, Brüche und kleine „Zieletappen".

Hinzu kommt der Blick auf das Älterwerden. Wenn es stimmt, wie eine Untersuchung sagt, daß die Weichenstellung für unser Leben im Alter „früh" erfolgt – im allgemeinen vor dem 50. Lebensjahr – dann sind wir aufgefordert, nicht nur die materielle Absicherung im Blick zu haben.

Jungsein und Altwerden stellen während des ganzen Lebensweges die Polarität in dem Spannungsfeld dar, in dem das Leben verläuft. Obwohl diese Spannung in allen Abschnitten des Lebensweges aufkommt, tritt sie im Übergang der Lebensmitte besonders hervor – und dies gerade im Blick auf das Ende.

„Denn leben, lebendig bleiben, reifen kann nur, wer das Gesetz des Lebens annimmt, das sich auf den Tod als sein Ziel hinbewegt", sagt Anselm Grün.[2] („... wo die alten Pfade sich verlieren, steigt Neuland auf mit allen seinen Wundern"). Im Annehmen dieser Abhängigkeit wohnt zugleich der kreative Spielraum zu werden, der oder die ich wirklich bin.

Nicht fliehen, hindurchgehen
du sollst nicht ohne Erde in den Himmel kommen.
Gott ist Mensch geworden,
um den Himmel in der Erde zu verankern,
um im Leib das Licht anzuzünden,
um das Starre zu beseelen,
um das Leben zu verdichten.

---

[1] Sheldon Kopp, Anfang und Ende sind eins, (Krüger) Frankfurt.[a.M.] 1995, 101.
[2] Anselm Grün, Probleme der Lebensmitte nach C.G. Jung, in: Erbe und Auftrag 54 (1978) 101–111, 109.

Gott ist Mensch geworden
als Hilfe für den Menschen.
Nicht um unser Denken mit neuen Dogmen zu belasten.

Kurt Marti

Vom „Entweder-Oder" zum „Und"
Der prozeßhafte, oft schmerzliche Weg in der Lebensmitte kann
mich auch geleiten von dem polarisierenden „Entweder-Oder" zum
„Und", das ich in zahlreichen Aufzeichnungen und Haltungen geist-
licher Menschen religiöser Traditionen wiederfinde und jetzt er-
kenne:
„beten und arbeiten" (Benediktinische Regel),
„Kampf und Kontemplation" (Regel von Taizé),
„Mystik und Politik" (Diözesansynode Rottenburg-Stuttgart 1985),
„Trost und Protest" (Dorothee Sölle)
und für die Vierzigjährigen: „Aller Anfang ist schwer, und jedem
Anfang wohnt ein Zauber inne".

• • **Zum Ritual**

Brauchen wir Schulen für Vierzigjährige?
Die Menschen sind wenig vorbereitet auf das, was sie in der zweiten Lebenshälfte erwartet. C.G. Jung sagte einmal, daß wir zwar
für Jugendliche, aber nicht für Vierzigjährige Schulen haben, in
denen der Mensch im Bestehen der zweiten Lebenshälfte begleitet
wird. Zwar weiß jeder, daß das Leben verschiedene Phasen hat,
durch die wir uns langsam zum „ganzen Menschen" entwickeln
sollen (Kindheit, Jugend, aktive Berufszeit, Pensionierung und Alter), sie sind aber in unserem Kulturkreis nicht deutlich abgegrenzt
und vor allem nicht innerlich vorbereitet. Die Aktivität und das
äußere Tun werden überbewertet und die seelische Entwicklung
bis zum Alter oft vernachlässigt.
Seit alters her waren die Religionen solche Schulen. Sie weisen
den Menschen ein in das Sterben, weil sie ihn über das Sichbehaup-
ten in der Welt hinausführen in einen Bereich, wo der Mensch erst
wahrhaft zum Menschen wird.[3]

Für mich wurde der regelmäßige Weg in einer Meditationsgruppe zu einer solchen Schule – zu einem „wiederholbaren Ritual", das sich mir als eine „Erfahrung in Geborgenheit" geschenkt hat. Inzwischen kann ich der zweiten Strophe des eingangs erwähnten Gedichts von Tagore trauen und mitsingen:

„Doch siehe, ohne Ende ist in mir dein Wille,
und wenn die alten Worte mir ersterben,
so brechen neue Melodien jung aus meinem Herzen,
und wo die alten Pfade sich verlieren,
steigt Neuland auf mit allen seinen Wundern."

● ● **Ablauf des Rituals**

„Sisyphos lernt tanzen"

In dem Auf und Ab alltäglicher Erfahrungen „mitten im Leben" (Lebensmitte) stelle ich das vor, was mir Geborgenheit, Aus- und Aufrichtung schenkt.

Wir leben alle mit sogenannten Alltagsritualen, die uns Halt und Orientierung schenken können (Aufstehen, Frühstück, Arbeit). Rituale können sich gewohnheitsmäßig in mein Leben „eingraben", weil sie sich als sinnvoll und entlastend erweisen. Auch was ich von Kind auf gelernt habe, entspricht einem rituellen Vollzug: der sonntägliche Kirchgang, dem die körperliche (Bad) und seelische (Beichte) Reinigung vorausgegangen ist.

Inspiriert von Jorgos Canacacis (Psychologe und Trauertherapeut), der beschreibt, was Menschen auf ihrem Trauerweg brauchen – nämlich Raum, Stille, Gemeinschaft, Mahl und Bewegung (vom „Entweder – Oder" zum „Und") – stelle ich ein Übergangsritual vor, das Geborgenheit und Zugehörigkeit schenken kann. Es geht dabei nicht um einen speziell therapeutischen Weg im Sinne der Psychologie, sondern darum, einander Gefährtin und Gefährte auf dem Übergangsweg zu sein.

---

[3] vgl. ebd. 110.

Innehalten

Innehalten geschieht als Weg nach innen zur Quelle und in Gemeinschaft mit anderen Menschen. Ritualisiert darin ist das regelmäßige Zusammensein, die Zeit und der Verlauf – alles in dem Freiraum, in dem die/der einzelne und die Gruppe („Wo zwei oder drei in meinem Namen versammelt sind, da bin ich mitten unter ihnen", spricht Jesus) fähig sind, sich selbst zu geben und zu gestalten.

Innehalten
nach Innen lauschen, schauen, gehen,
dorthin wo das Leben entspringt,
wo die Wurzeln und die Quellen sich schweigend berühren.
„Grundsätzlich sollen wir uns bewußt sein, daß nicht wir es sind, die da etwas tun, sondern jene göttliche Kraft, die wir anrufen: Gott, Christus, die heilige Geistin oder die dreieine Gottheit. Darum ist es sinnvoll, am Anfang darum zu bitten, Kanal oder Werkzeug sein zu dürfen für die heilende, verbindende, versöhnende, schöpferische göttliche Kraft."[4]

Wir treffen uns regelmäßig als kleine Gruppe von Frauen und Männern zu Meditation (Stille in Gemeinschaft),Tanz (Bewegung) und Mahl. Möglich wäre dies auch in der Kirchengemeinde oder einem anderen vertrauten Raum.

Einfinden – annehmen

Zu Beginn des Treffens hilft eine Übung, um zu spüren, wie ich da bin und wie wir in der Gemeinschaft ankommen:

Stehe. Sinke zur Erde, fliege in den Himmel. Sei ganz in dir. Deine Hände formen ein Gefäß vor deinem Bauch. Die Fingerspitzen sind einander zugewandt. Sie berühren sich nicht. Die Arme und Hände sind rund und nach oben offen. Nun schöpfe mit deinen Händen Wasser. Hebe es langsam bis zu deinem Nabel. Drehe das Gefäß nach unten. Gib das Wasser frei. Gib es der Erde zurück. Die Handflächen zeigen zur Erde. Nun laß sie langsam nach oben

---

[4] Hildegard Schmittfull, Catarina aktuell, Nr. 1/2, April 1996, 14.

kreisen – bis über deinen Kopf. Stütze den Himmel. Laß beide Arme
seitwärts nach unten kreisen. Bilde erneut ein Gefäß mit deinen
Händen. Schöpfe Wasser für dich. Stütze den Himmel, trinke Licht.
Genieße Wasser und Licht. Nimm soviel du brauchst. Gib beides
weiter, das Wasser und das Licht.[5]

oder

Leibhaftes Beten
Setz deine Füße
säulengleich
auf weiten Raum
heb deine Augen auf
zum Licht
mach deine Hände
zum Portal
deine Ohren
zum Schoß
für den Samen
deinen Leib
zum wartenden Kelch.
Stille tropft
in dein Herz
und das Wort
umarmt
deine Mitte
Sehnsucht
faltet sich auf
wie eine Blume

du selbst
bist
Gebet.

              Irmgard Hess

---

[5] Vgl. Walter von Sydow, Sisyphos lernt tanzen. Ein Mann geht den Weg der Befreiung (Herder Spectrum), (Herder) Freiburg 1992, 140f.

Niederlassen – loslassen

Wir gönnen uns Zeiten der Stille in der Gemeinschaft – auf dem
Sitzkissen, Meditationshocker oder Stuhl:

Schritte zur Mitte
Versinke
in der Stille
des anbrechenden Abends.

Löse dich von dem,
was dich tagsüber
umgetrieben hat.
Verlasse im Geist
all die vielen Wege,
die du gegangen bist,
und suche Schritt für Schritt
den Weg
zu dir selbst.
Die Schönheit der Welt,
die dich draußen berührt hat,
bewegt dich
hin zu deiner eigenen Mitte.
Im Einklang mit dir selbst
wirst du zur Ruhe kommen
und Erfüllung finden,
Lebensquelle
für den kommenden Tag.

Christa Spilling-Nöker

Meditation ist
– Öffnung im Schweigen der Gegenwart Gottes,
– Nachspüren der Fülle des Lebens,
– Vertiefung christlichen Glaubens,
– Weisung und Kraft finden für das Leben im Alltag.

Vertiefen – Einssein
Folgende Übung begleitet uns in diesem Schritt:

Bei sich selber sein.
Ich setze mich bequem hin, gut im Gleichgewicht im Becken ruhend.
Ich stütze mich nicht oder kaum ab.
Ich bleibe unbeweglich. Während der Arbeit wurde ich von da gerufen und rannte dorthin und war dauernd in Bewegung. Mehr als einmal habe ich mich nach Ruhe gesehnt. Jetzt habe ich sie endlich! Unbeweglich ... beruhigt ... friedlich ... ich schließe die Augen. Ich bin bei mir und in mir. Ich spüre meinen Körper in seiner momentanen Haltung. Im Geist sehe ich seinen Platz im Raum.
Ich bin in meinem Körper ...
Er ist meine „Zelle". Mehr: Er ist ich selber, die Menschwerdung meines Ichs. Wenn ich so bewußt meinen Körper bewohne, bin ich bei mir. Ich bin da, wo mein Körper ist.
Der Sturm in meiner Seele beruhigt sich. Ich bin entspannt und habe losgelassen. Meine Füße stehen flach auf dem Boden, die Zehen sind locker. Ich spüre den Kontakt meiner Füße mit Mutter Erde. Ich spüre das Gewicht meiner Beine auf dem Boden. Ich lasse sie Druck ausüben ... Meine Hände liegen ineinander vor mir oder ruhen auf meinen Knien – nach oben offen, die Finger locker und leicht gespreizt. Sie sind schwer geworden und ziehen die Arme und die Schultern nach unten. Ich überlasse mich ihrem Gewicht. Ich lasse den Unterkiefer fallen, ohne den Mund zu öffnen. Ich entspanne die Zähne, Zunge und Lippen. Ich lächle leicht. Ich lasse die Wangen fallen, ich dehne die Schläfen aus. Die Augenlider sind beinahe geschlossen. Mit geschlossenen Augen fixiere ich die Nasenspitze ... Ich spüre etwas wie eine liebevolle Hand über meine sorgenvolle Stirn streicheln und ihre Runzeln glätten. Ich fixiere innerlich einen Punkt mitten auf meiner Stirn ..
Ich lebe das Glück des Augenblicks. Was hinter mir liegt, betrifft mich nicht mehr. Was vor mir liegt, betrifft mich noch nicht. Nur der Augenblick zählt. Er ist einzig. Er wird nie mehr zurückkehren. Die Zeit steht still. Ich lebe wie außerhalb der Zeit. Ich bin. Ich lebe auf. Wie gut ist es zu sein. Freude und Frieden. Mein Glück liegt

nicht in den äußeren Dingen, nach denen ich verlange. Es ist in mir, es klopft sanft tief in mir drin. Und schon spüre ich, wie das schöne Himmelreich an meine Tür klopft, mein „Heimatland", das Licht, Frieden und Erbarmen ist. Ich lächle meiner Seele zu ...
Ich nehme den Lebensatem in mir wahr. Ich spüre, wie ich atme. Ich stelle mir die Luft vor, die beim Einatmen in meinen Organismus eindringt. Ich atme das Leben ein. Beim Ausatmen stoße ich die verbrauchte Luft aus und verteile das eingeatmete Leben bis in die äußersten Fasern meines Wesens.
Nach und nach verlangsame ich die Atmung. Vor allem das Ausatmen ... – ohne jeden Zwang und ohne mich zu sehr um das Einatmen zu kümmern, das von selber geschieht. Mein Atem geht ruhig und regelmäßig. Mein ganzes Wesen wird ruhiger. Ich spüre das regelmäßige Auf und Ab des Lebensatems wie das Kommen und Gehen eines ruhigen Meeres ...
Stille. Ich denke an nichts mehr, überhaupt nichts mehr. Totale Leere in meinem Geist. Ein paar Sekunden lang geduldig von neuem. (lange Stille) Seltsam: Genau in diesem Augenblick nehme ich meine innerste Tiefe am besten wahr. (lange Stille)
Nichts, nichts ... Nichts mehr ist wichtig, nichts mehr zieht mich an, nichts mehr existiert außer DU, mein Gott, Gott ... Gott ... Gott ...
Alles ... Alles ... Alles in allem. Mein Gott und mein Alles.
Komm, Herr!
Mein Herz ist arm und still und dürstet nach Dir ...

Der Meditationszeit – ca. 15–20 Minuten – kann sich eine Gesprächsrunde anschließen, in der Erfahrungen mitgeteilt werden, ohne darüber zu diskutieren.

Feiern – neuwerden
Freude am Glück anderer und innere Ausgeglichenheit werden im Tanz und Mahl gefeiert.
„Die langsamen Tänze sind genauso wichtig wie die schnellen. Sie sind wichtig zum Suchen, zum Ausruhen, zum Zu-sich-Finden. Zum lustvollen Genießen und Glücklichsein. Wer nie langsam tanzen kann und will, versteht wenig, dem entgeht viel."[6]

---

[6] Ebd. 145.

Das „Und" tanzen ...

Legt Eure Müdigkeit auf
den Boden und tanzt,
tanzt Eure Heiterkeit und
Eure Trauer,
tanzt Eure Ausgelassenheit
und tanzt Eure Schwere,
tanzt Eure Hoffnung und
tanzt Eure Ängste,
tanzt das Sichtbare und
tanzt das Geheimnis,
tanzt allein, tanzt mit anderen
tanzt den Alltag und tanzt
das Fest,
tanzt das Unendliche,
tanzt das Heil!
TANZT!

Hilda-Maria Lander

Folgender Tanz ist von den Schritten wie von der Symbolik her besonders geeignet:

„Der Weg in die Höhe"

Anleitung zum Tanz:
- Wir stehen im Kreis und halten uns an den nach oben gehobenen Händen (W-Haltung).
- Wir schreiten im Kreis in Tanzrichtung: rechts (1) – links (2) – rechts (3) – links (4) – rechts (5).
- Wir wenden uns zur Mitte. Mit dem linken Fuß überkreuzen wir den rechten und tippen mit der Fußspitze (6), dann nehmen wir den linken Fuß wieder zurück (7) und stellen den rechten Fuß neben den linken (8).
- Wir bilden mit den Händen langsam eine Schale und halten sie in die Höhe (1–2–3–4) und bringen sie dann langsam – ebenfalls im Viertakt – wieder zurück in die Ausgangsstellung (5–6–7–8).
- Wir nehmen wieder die W-Haltung ein und beginnen von vorn
  ...

Symbolische Bedeutung:
Die-W-Haltung symbolisiert sowohl den Abstieg (Oberarm) als auch den Aufstieg (Unterarm). Wir schreiten also vorwärts in dem Bewußtsein, daß zum Leben beides gehört. Dabei sind wir mit unseren Mitmenschen verbunden (wir halten uns an den Händen). Das Überkreuzen des rechten Fußes durch den linken macht deutlich, daß die Erfahrungen der Tiefe (linker Fuß) immer wieder unsere „bewußten" Erfahrungen (rechter Fuß) überkreuzen – jedoch nicht überschwemmen, sondern nur „antippen".

Unser Bewußtsein (rechter Fuß) wird dadurch motiviert, sich mit den Erfahrungen der Tiefe zu verbinden (der rechte Fuß stellt sich neben den linken).

Diese ganzheitliche Erfahrung wird zu einem Weg in die „Höhe", indem die rechte und linke Hand eine Schale bilden und dadurch Bereitschaft und Sehnsucht zum Ausdruck bringen, sich von „oben" füllen zu lassen.

Das Zurücknehmen der Hände und das erneute Beginnen des Tanzes bedeuten, daß ganzheitliche Erfahrungen keine bleibenden Erlebnisse sind, sondern immer wieder neu erfahren bzw. „erschritten" werden wollen, wobei sowohl das gemeinsame Schreiten als auch das einsame Stehen vor Gott wesentlich sind.

Musik: z.B. Vivaldi, A. Largo. Aus dem Konzert für Violine und Orchester D-Dur, op.8, Nr. 4; Choreographie von Bernhard Wosien.[7]

Mahl

Beim gemeinsamen Mahl essen wir, was jede/r mitgebracht hat oder was wir miteinander zubereiten.

Hermann Josef Bayer

---

[7] aus: Gertrud Erni, Die Vater-unser-Chakren-Meditation: ein heilender Weg mit Symbolsätzen, Meditationen und Ritualen, (Droemer Knaur) München 1994, 219–220.

Ritual zum 60. Geburtstag

• • Zum Ritual

Zum 60. Geburtstag von Resi Bokmeier wurde dieses Ritual gefeiert. Eingeladen waren Familienangehörige, Verwandte, FreundInnen und ArbeitskollegInnen – insgesamt 100 Personen. Der Raum der Feier war ein großer, festlich geschmückter Gemeindesaal mit einem breiten Mittelgang und rechts und links Tischen und Stühlen.
Das Ritual fand in der Mitte des Raumes statt. Es wurde von uns beiden Frauen geleitet.

• • Ablauf des Rituals

Begrüßung und Einladung
Wir Leiterinnen des Rituals stellen uns vor: mit unseren Namen und als langjährige Freundinnen und Arbeitskolleginnen von Resi. Wir begrüßen die Geburtstagsfrau und ihre Gäste und laden sie ein, mit uns gemeinsam in diesem Ritual Resi zu ehren und ihr zu danken – der Ideen und Leitbilder zu gedenken, die Resis Leben mit Menschen bestimmen.

Geschichte
LeiterIn: Zum Fest sind auch 13 Frauen geladen. Die erste kommt herein, sie bringt die Strahlen der Sonne mit und spricht:
„Ich habe die Dummheit gesehen und
setze ihr das Licht der Klarheit entgegen."
Sie bringt ein großes goldgelbes Seidentuch und legt es auf den Boden.

LeiterIn: Die zweite Frau tritt ein, sie bringt Blumen mit und spricht:
„Ich habe die Zerstörung gesehen und
setze ihr die Schönheit entgegen."
Sie bringt eine Vase mit einem Blumenstrauß und stellt ihn in die Mitte.

LeiterIn: Die dritte Frau betritt den Kreis. Sie trägt Steine bei sich und spricht:
„Ich habe den Haß gesehen und
setze die Weisheit dagegen."
Sie trägt mehrere mittelgroße Steine herbei.

LeiterIn: Die vierte Frau kommt herein, sie bringt den Sturmwind mit und sagt:
„Ich habe die Feigheit gesehen und
setze ihr den Zorn entgegen."
Temperamentvoll „bläst" sie herein.

LeiterIn: Die fünfte Frau tritt ein und bringt das Feuer mit. Sie spricht:
„Ich habe die Gleichgültigkeit gesehen und
setze ihr die Leidenschaft entgegen".
Sie bringt eine Schale mit Feuer oder eine brennende Kerze.

LeiterIn: Die sechste Frau tritt in den Kreis und sagt:
„Ich habe den Neid gesehen und
setze ihm die Zärtlichkeit entgegen."
Sie legt eine einzelne Rose in die Mitte.

LeiterIn: Die siebte Frau kommt hinzu, sie bringt die Mondin mit und sagt:
„Ich habe die Gewalt gesehen und
setze ihr die Macht entgegen."
Sie bringt eine große silberne Mondsichel.

LeiterIn: Die achte Frau tritt herein und spricht:
„Ich habe die Härte gesehen
und setze das Fließen des Wassers dagegen."
Sie trägt eine Schale mit Wasser herein.

LeiterIn: Die neunte Frau stürmt herein und sagt:
„Ich habe die Angst gesehen und
bringe den Tanz mit."
Sie tanzt.

LeiterIn: Die zehnte Frau trägt einen Kristall in ihren Händen und spricht:
„Ich habe den Verrat gesehen und
setze die Inspiration dagegen."
Sie bringt einen Bergkristall.

LeiterIn: Die elfte Frau tritt in den Kreis und sagt:
„Ich habe die Bewegungslosigkeit gesehen und
setze die Leichtigkeit dagegen."
Sie läßt Blätter über die Mitte rieseln.

LeiterIn: Die zwölfte Frau tritt zu den anderen und spricht:
„Ich habe die Verwirrung gesehen und
setze ihr das Gelächter entgegen."
Sie lacht.

LeiterIn: Die dreizehnte Frau schließlich kommt herein und spricht zu ihren Schwestern:
„Ich habe die Unterdrückung gesehen,
überall und jetzt ist es Zeit,
ihr die Freiheit entgegenzusetzen.
Laßt uns gemeinsam singen und tanzen
und das Fest feiern."[1]

Die einzelnen Frauen lösen sich aus der Geburtstagsgesellschaft oder kommen von außen, treten zum „Ritualplatz" und legen ihre Geschenke/Symbole in die Mitte.
Sie bleiben im Halbkreis stehen.

LeiterIn: Die Geschenke und Symbole sind ein Ausdruck unseres Traumes eines friedlichen und kraftvollen Miteinanders.
Zur Bekräftigung singen wir gemeinsam:

Lied
„Wenn eine alleine träumt" (*Text: Dom Hélder Câmara; Musik: Ludger Edelkötter*)

---

[1] nach einer Idee von Luisa Francia, Das Fest der Dreizehn Feen, in: Luisa Francia, Mond. Tanz. Magie, (Frauenoffensive) München 1986, 99.

Zeit der Wünsche
LeiterIn: Kleine Teelichter stehen bereit und wir laden Euch ein, ein Licht am Feuer der Mitte zu entzünden und einen Geburtstagswunsch zu sprechen:
Ich wünsche dir ...

Eine: Menschen, die dich auch weiterhin unterstützen.

Eine: Viel Zeit, um Abenteuer zu erleben.

Einer: Viele Gelegenheiten zum Lachen.

...

Die vielen kleinen Feuer bringen die Mitte zum Leuchten.

Lied
„Das wünsch ich sehr, daß immer eine bei dir wär" *(Text nach Kurt Rose; Musik: Detlef Jöcker)*

Text zum Abschluß
LeiterIn: Eine ganz spezielle Ernte-Dank-Verheißungsvision für Resi aus dem Buch des Propheten Jesaja:

„Das endzeitliche Heil"

Ja, vergessen sind die früheren Nöte,
sie sind meinen Augen entschwunden.
Denn schon erschafft Gott einen neuen Himmel und eine neue Erde.
Nie mehr werden wir dort lautes Weinen hören
oder lautes Klagen.
Dort gibt es keinen Säugling mehr, der oder die nur wenige Tage lebt,
keinen Greis und keine Greisin, die nicht das volle Alter erreichen.
Diejenige, die als Hundertjährige stirbt, gilt noch als jung.
Und wer nicht hundert Jahre alt wird, dem gilt unsere Trauer.
Im neuen Himmel und auf der neuen Erde,
im neuen Jerusalem,
werden wir Häuser bauen
und selbst darin wohnen,

wir werden Reben pflanzen und ihre Früchte selbst genießen.
Wir werden nicht bauen, damit ein anderer darin wohnt,
und wir werden nicht pflanzen, damit andere die Früchte genießen
ohne uns.
In diesem Volk werden die Menschen so alt wie Bäume.
Was Gottes Freundinnen und Freunde mit eigenen Händen erarbeitet haben,
werden sie selbst verbrauchen.
Wir werden nicht mehr vergebens arbeiten,
Kinder werden nicht mehr zur Welt kommen und jäh sterben.
Denn wir sind – als Freundinnen und Freunde Gottes – von ihr gesegnet.
Schon ehe wir rufen, wird Gott uns Antwort geben
und während wir noch reden, erhört sie uns.
Wolf und Lamm werden zusammen weiden,
die Löwin frißt Stroh wie das Rind.
Wir werden uns nicht mehr aneinander und an der Welt versündigen
und wir werden keine Lieblosigkeit mehr begehen
auf der gesamten Welt, die Gott heilig ist.
So kann es sein
und so sei es!
(Jesaja 65,16e.17a.19b–25)

Mit diesen Worten ist das Ritual beendet. Als Leiterinnen bedanken wir uns bei allen, die mitgefeiert haben.

Petra Heilig und Christine Wasner-Gölz

Ritual zum Übergang von der Erwerbsarbeit in eine neue Lebensphase

• • Zur Vorgeschichte

Meine Freundin und Kollegin Elfriede Hirsch hat zu ihrer Verabschiedung aus dem Erwerbsleben 1995 Frauen aus ihrem Wirkungskreis zu einem großen Frauenfest eingeladen. Ich war mit dabei und stellte fest, daß Formen und Rituale einen Abschnitt, einer Veränderung im Lebensprozess Einmaligkeit und Tiefe geben können. Ich war von diesem Frauenfest und dem abschließenden Segensritual sehr beeindruckt und tief berührt. Das Abschlußritual gab dem Fest eine Dimension christlicher Hoffnung, Freude und Dankbarkeit. Es war Ausdruck gelebter Spiritualität.

Diese Form der Verabschiedung war für meinen eigenen Abschied aus dem aktiven Berufsleben 1997 Vorbild. In die Zeit der Überlegungen betreffend der Gestaltung kam die Anfrage von Christiane Bundschuh-Schramm.

Für mich war klar: Ich wollte ein Frauenfest, ich wollte Frauen aus den Kursen, Seminaren, Treffpunkten und anderen Begegnungen dazu einladen.

Die Anfrage betreffs eines Rituals ließ mich nicht mehr los. Ich bewegte den Gedanken in meinem Herzen hin und her und fand allmählich Gefallen an der Idee eines Rituals im Rahmen meines Abschiedsfestes als Referentin für Frauenbildung und Alleinerziehendenarbeit in der Diözese Rottenburg-Stuttgart.

Ich fragte Elfriede Hirsch, ob sie mit mir dieses Ritual zum Übergang von der Erwerbsarbeit in eine neue Lebensphase überlegen und dann durchführen könnte.

Sie war bereit, mit mir das Ritual vorzubereiten und zu leiten. Es wurde im Rahmen des Frauenfestes am 21. Juni 1997 begangen.

• • Zum Ritual

Der Raum der Feier hatte eine gestaltete Mitte.

In der Kreismitte lag ein tiefblaues Tuch, das auf weiße Seide drapiert war. Dieses Zentrum wurde von einem Quadrat eingerahmt – die Linien waren mit grünen Zweigen / Efeu angedeutet. Außerhalb dieser Linien lagen bunte Papierstreifen und Stifte sowie Körbe mit Gräsern, Zweigen und Blumen *(siehe Seite 158)*.

• • **Ablauf des Rituals**

„Alles hat seine Zeit"

Begrüßung, Hinführung und Einstieg zum Ritual
Leiterin: Ich freue mich, mit Euch innerhalb unseres Festes dieses Dankes- und Zukunftsritual zu feiern. In jedem Kurs, Seminar, jeder Werkstatt waren Liturgien und Rituale integraler Bestandteil unseres Tuns; dies soll heute nicht anders sein.

Wir brauchen die Möglichkeiten der Versammlung, der Sammlung, der Orientierung, der Stärkung, der Ermächtigung, gemeinsam gelebter Spiritualität. Dies heißt, zusammen essen, miteinander teilen, miteinander sprechen, sich gegenseitig akzeptieren, die Anwesenheit Gottes in den anderen zu erfahren und dadurch den christlichen Glauben als Gottes alternative Vision für alle verkünden.[1]

Die Teilnehmerinnen stehen im Kreis, legen ihre Arme links und rechts um die Hüften ihrer Nachbarinnen, so daß alle miteinander verbunden sind. Sie wiegen sich, bis ein gemeinsamer Rhythmus gefunden wird.
Dabei wird folgendes Lied mehrmals gesungen:

Lied
„Wenn eine alleine träumt, ist es nur ein Traum ..." (*Text nach Dom Hélder Câmara; Musik: Ludger Edelkötter*)

---

[1] Vgl. Elisabeth Schüssler Fiorenza, Zu ihrem Gedächtnis ...: eine feministisch- theologische Rekonstruktion der christlichen Ursprünge, (Kaiser/Grünewald) München/ Mainz 1988, 411.

In den Ruhestand
Arbeiten
das ist machen können
mitgestalten
Gottes Partnerin sein
Selbstwerden durch
Mühe, Umsicht, Sachkenntnis, Verantwortung.

In den Ruhestand gehen:
loslassen
zurückschauen
ein langer Weg
viele Jahre, Wochen, Stunden
Lust und Last
kollegial-gesellschaftliche Einbettung und Einsamkeit
Erfolg und Umsonsterfahrungen
Kraft und Ohnmacht.
Jetzt
das Buch Lebens-Arbeits-Zeit schließen
Fäden aus der Hand geben
Kraft im Innern sammeln
lächelnd
dem Neuen Schritte entgegentun.

Tanz

Symbolik:
Das gemeinsame Schreiten in Tanzrichtung ist ein Bild für das Miteinandergehen der vielen Frauen.
Das Inne-Halten und Wiegen bedeutet ein Sich-Beziehen auf mich selber mit der Ausrichtung zur Mitte als spiritueller Ausdruck. Mit dem getanzten Kreis um mich selber und den erhobenen Armen zeige ich mich den anderen und gehe in Kontakt mit der Welt.

Schritte/Musik:
Die Frauen stellen sich im Kreis auf (W – Haltung der Arme):
- rechts beginnend 4 Schritte in Tanzrichtung;
- zur Mitte gewendet nach rechts wiegen, nach links wiegen (2 x);

- rechts beginnend 4 Schritte in Tanzrichtung;
- rechts beginnend mit 4 Schritten einen Kreis um sich selber tanzen, dabei die Arme ganz nach oben strecken. (von vorne)

Jede langsame Musik mit einem 4er-Rhythmus kann gewählt werden.

Choreographie: Christine Wasner-Gölz

Alles hat seine Zeit – Dem Neuen Schritte entgegentun
Leiterin: Spuren – dies schien mir ein schönes Bild zu sein im Hinblick auf Abschied, auf Zurückschauen, auf Weitergehen, auf neue Spuren, andere Spuren gehen.

Ich hatte Zeit nachzudenken:
- über Erfahrungen, Ereignisse meiner beruflichen Tätigkeit;
- über Frauen, Männer, Kinder, die mir begegnet sind und denen ich begegnet bin;
- über meine Freundinnen und Freunde, Frauen und Männer, die mir Weggefährtinnen und Weggefährten wurden;
- über meine vielfältigen Beziehungen, die mich geprägt und getragen haben;
- über vieles, was mich persönlich bewegt und was sich in der Welt bewegt.

Ich habe versucht, die Erfahrungen von Spuren auf mich wirken zu lassen und zuzulassen, was dabei aus mir herauskommt.

Spuren: hinterlassen
suchen/finden
gegangen
folgen
verlassen/neue zulassen
alte ausgraben/auf verdeckte, verschüttete stoßen
eine Spur verfolgen, nicht aufgeben, weitergehen
Leben hinterläßt Spuren
Spuren des Älterwerdens am eigenen Leib wahrnehmen, akzeptieren.

Freude, Hoffnung, Freundschaften, Arbeit, Verletzungen, Enttäu-

schungen, Trennungen, Worte, Handlungen, Krankheiten hinterlassen Spuren.
Spuren Gottes in meinem Leben dankbar anerkennen.
Spuren hinterlassen eine Form, einen Abdruck, eine Prägung, Farbe.
Ich habe meiner Arbeit Form, Prägung, Farbe gegeben.
Ich habe Spuren gesetzt, ich habe vielen geholfen, zu ihrer eigenen Spur zu finden und Spuren zu gehen.
Ich denke an die Kurse „Frauen für Frauen I – III", an die Werkstät-
ten, an die Frauen-Sommer-Akademie, an die Alleinerziehendenarbeit und an vieles, vieles mehr.

Spuren zu setzen, braucht Kraft und Stärkung. Dies wurde mir in
reichem Maße geschenkt durch
– die Begegnung mit Menschen der Dritten Welt,
– internationale Freundinnen und Freunde,
– die Begegnung mit der Frauenbewegung, dem Feminismus und
  der Feministischen Theologie,
– die Begegnung mit feministischen Theologinnen,
– die Begegnung mit Frauenliteratur,
– Frauengestalten in Geschichte, Bibel, Polititk, Literatur, Kunst
  und Kultur, die ich neu entdeckte,
– die Begegnung mit Euch und vielen anderen Frauen, die heute
  nicht da sein können
(von denen manche schon gestorben oder krank sind).
Ich bin meinen Weg gegangen mit Liebe und Leidenschaft – dankbar bin ich für alles, was ich erfahren habe, erlebt habe. Ich verlasse alte Spuren und versuche neue zu setzen – wie die genau sein
werden, weiß ich noch nicht – mit Vertrauen gehe ich weiter. Ich
weiß, daß ich nicht allein gehen muß, daß viele mit mir sind, auf
die ich mich verlassen kann, die mir verlässliche Freundinnen und
Weggefährtinnen waren und weiterhin sind.

Wünsche

Leiterin: Ich möchte Euch einladen, Wünsche, Hoffnungen, die Ihr
mir mitgeben wollt, die meinen Weg säumen, die mich in diese

neue Zeit hineinbegleiten, die mich stärken, die mich trösten, ermutigen, auf ein Stück Papier zu schreiben. Die Wünsche werden in eine Schale gelegt und in die Mitte gestellt.

Einige Wünsche möchte ich als Beispiel hier wiedergeben:

Resi,
Danke für Dein So-Sein!
Ich wünsche Dir Stunden im Alter,
in denen Du Dein lautes Lachen lachen kannst,
in denen Du Dein kritisches Denken weiter-lebst,
in denen Du die freie Zeit – ohne Alltag im Bischof-Leiprecht-Haus
– genießen kannst,
in denen Du schmerzfrei sein kannst (ich denke an das Alter,
das auch Spuren zeigt).
Alles in allem –
ich wünsche Dir gesunde Jahre, in denen Du die Früchte von
Jahrzehnten ernten darfst,
und Menschen, die mit Dir alt werden.
Danke für Deine Spur!
Irme

… noch mindestens eine wunderbare, große Überraschung …
Petra

Liebe Resi,
ich wünsche Dir immer wieder Sternstunden, in denen etwas von dem aufleuchtet, das Du angestoßen, gepflegt, begleitet … hast, damit es viel Erntezeiten im Un-Ruhestand gibt – manches braucht ja länger, bis es wächst.
Beate

Liebe Resi,
ich wünsche Dir – und mir – daß du uns noch lange als symbolische Mutter begleitest.
Ulrike

Es begleitet dich meine schwesterliche Liebe, daß wir weiterhin verbunden bleiben, Deine Wege mögen Dich jederzeit und immer zu mir führen, wenn Du es brauchst und Lust darauf hast.

Sei umarmt!
Christine

Daß Du Deine Sehnsüchte, Träume, Visionen nie verlierst ...
Gabi

Liebe Resi,
auch wenn der Wecker morgens nicht mehr klingelt,
stehe früh auf, pflege dich, meditiere, singe, tanze, lobe und tue all
das, was eine Mutter von 3 Kindern (8, 6, 2) sich immer wünscht
und nicht tut!
Agathe

Lied
„Brot und Rosen"

Wenn wir zu - sam - men gehn, geht mit uns ein schö - ner
Tag, durch all die dunk - len Kü - chen und wo
grau ein Werks - hof lag, be - ginnt sach - te die
Son - ne uns - re ar - me Welt zu ko - sen und

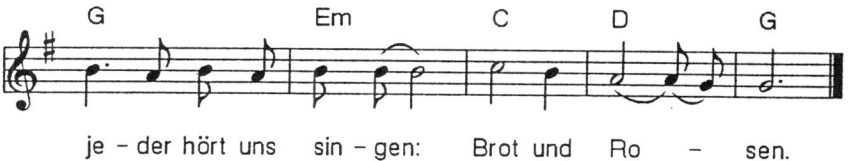

je - der hört uns   sin - gen: Brot und   Ro   -   sen.

1. Wenn wir zusammen gehen, geht mit uns ein schöner Tag,
durch all die dunklen Küchen, und wo grau ein Werkshof lag,
beginnt plötzlich die Sonne uns're arme Welt zu kosen,
und jeder hört uns singen: Brot und Rosen.

2. Wenn wir zusammen gehen, kämpfen wir auch für den Mann,
weil ohne Mutter kein Mensch auf die Erde kommen kann.
Und wenn ein Leben mehr ist als nur Arbeit, Schweiß und Bauch,
wollen wir mehr: gebt uns das Brot, doch gebt die Rosen auch.

3. Wenn wir zusammen gehen, gehen uns're Toten mit,
ihr unerhörter Schrei nach Brot schreit auch durch unser Lied.
Sie hatten für die Schönheit, Liebe, Kunst, erschöpft nie Ruh,
drum kämpfen wir ums Brot und wollen die Rosen dazu.

4. Wenn wir zusammen gehen, kommt uns ein bessrer Tag,
die Frauen, die sich wehren, wehren aller Menschen Plag.
Zu Ende sei: daß kleine Leute schuften für die großen.
Her mit dem ganzen Leben: Brot und Rosen.

Text nach Peter Malwald; Musik: Renate Fresow

Mandala

Leiterin: Unsere Kreismitte, in die wir auch die guten Wünsche für
Resi gegeben haben, will deutlich machen: Unser Leben hat eine
Mitte, hat Tiefe und Weite, schafft Spuren – symbolisiert im Blau,
der Farbe des Meeres und des Himmels. Die weiße, schmiegsame
Seide erzählt von Durchsichtigkeit und Klarheit. Wir können auch
sagen vom manchmal farblosen und verborgenen Sinn. Um die
Lebensmitte gruppiert sich im Viereck vielgestaltig und bunt der
Lebensalltag. Der Volksmund weiß: Wir laufen manchmal von ei-
ner Ecke zur anderen, reiben und stoßen uns an der Eckigkeit des
Alltags.

Die Vier ist der Erde zugeordnet, beinhaltet das Lebensnotwendige und Orientierung.
Ich lade Sie/Euch ein, von den vier Ecken her mit Gräsern, Blumen und Steinen (evtl. Stoffen) einen bunten Teppich zur Mitte hin zu weben und im Schauen dann zu verweilen.

Lied

„Gott, gib uns deinen Frieden" (*Text nach Wolfgang Poeplau; Musik: Ludger Edelkötter*)

Segen

Leiterin: Gott, Licht, Tiefe und Leben,
Du hast mich durch die Jahre meiner beruflichen Arbeit geführt,
dafür danke ich.
Alle: „Mutter Geist"

Mut – ter Geist, halt mich fest.

Text: Sybille Fritsch; Musik: Peter Janssens

Leiterin: Gott, Licht, Tiefe und Leben,
Du hast uns so viele gute Begegnungen geschenkt. In deinem Geist
konnten wir miteinander arbeiten, einander verstehen, uns bestär-
ken, korrigieren und ergänzen.
Dafür danken wir.
Alle: Mutter Geist
Leiterin: Laßt uns einander bestärken in unseren Fähigkeiten und
die Schönheit unserer Körper bejahen. Sei freundlich und sanft zu
dir selber, du bist ein Kind der Schöpfung, du hast ein Recht, hier
zu sein.
Alle: Mutter Geist
Leiterin: Laßt uns den Schmerz in unserem Innern wahrhaben, die
Konflikte, die Anstrengungen des Kampfes, den Kummer der Nie-
derlage und des Todes.
Mit all ihrem Trug, der Plackerei und ihren zerbrochenen Träumen
– die Welt ist immer noch schön.
Laßt uns einander ermutigen, furchtlos zu denken und entschlos-
sen zu handeln.
Alle: Mutter Geist
Leiterin: Möge der Wind dir den Rücken stärken,
Sonnenschein deinem Gesicht viel Glanz und Wärme geben.
Laßt uns gewiß werden, daß wir in Gott gesegnet sind,
indem wir einander segnen.
Halte Friede mit deiner Seele.
Lebe sorgfältig, versuche glücklich zu sein.
Möge der warme Wind dich streicheln,
möge Gott lächeln, möge sie dich segnen.
Quelle unbekannt

Abschluß

Alle Frauen erhalten von der sich Verabschiedenden eine Rose.

Tanz und Lied

Schritte:
(nach der Echternachter Springprozession)
Alle Frauen stehen im Kreis. Sie legen die rechte Hand auf die linke Schulter der Vorgängerin. In der linken Hand halten sie die Rose.
Jede geht 2 Schritte nach vorne, macht einen Wiegeschritt, und wiederholt die Figur, solange das folgende Lied gesungen wird:

Lied:
„Ausgang und Eingang" (*Text und Musik: Jochen Schwarz*)

Dank und Einladung zum Miteinanderessen durch Resi.

Resi Bokmeier und Elfriede Hirsch

Mandala

Rosen   Rosen

Körbe   Körbe
mit   mit
Gräsern   Gräsern
Zweigen   Zweigen
Blumen   blaue   Blumen
                       Mitte

zur Ge-   zur Gestaltung   staltung
des   des
Mandalas   Mandalas

Rosen   Rosen

Resi Bokmeier und Elfriede Hirsch

Trauerliturgie

• • Zur Situation

„Helft mir!" Dieser Hilferuf kam von einer Frau, die gerade vom Tod ihres Sohnes erfahren hatte. Der Hilferuf war an mich gerichtet, jedoch im Plural, mit Blickrichtung auf unsere Frauengruppe. In dieser Verbundenheit war schon so mancher „Kraft-Transfer" erfahren worden. Auch jetzt erhoffte sich eine Frau Stärkung aus der Gruppe, um diesen endgültigen Abschied von ihrem Sohn überstehen zu können, um alle Reserven zu mobilisieren, den einschneidenden Ritus der Beerdigung bewältigen zu können. Über eine Telefonkette riefen wir die Mitglieder unserer Frauengruppe zusammen.

Trauerarbeit hat zwei Richtungen: Rückwärts richtet sie sich auf den Verlust und vorwärts auf das neu zu beginnende Leben. In die rückwärtige Richtung konnte Stephan Michaels Mutter uns mitnehmen, uns hinführen zu einem Menschen, der vielen persönlich nicht bekannt war. Sie brachte uns Fotos mit, zu denen sie seine Lebensgeschichte erzählte – von der Geburt bis zum wenige Tage alten Bild, das kurz vor seinem Tod entstanden ist. Ich hatte den Eindruck, daß die trauernde Frau durch das Erzählen des Lebenslaufes ihres Sohnes loslassen und sich von ihm verabschieden konnte. Die Frauen der Gruppe erfuhren nicht nur den Ablauf eines Lebens, sondern wurden in eine Beziehung hineingenommen. Sie spürten den Verlust der Mutter und den eigenen, diesen jungen Menschen nicht gekannt zu haben. Fast alle weinten, trauerten um die nicht gelebte Zeit mit Stephan Michael.

Der nach vorne gerichteten Trauerarbeit eröffnete die Feier einen Raum, indem sie dem Namen Gottes einen neuen Klang gab. Der Ich-bin-da-Gott Israels, der sich Mose am brennenden Dornbusch zu erkennen gab, zeigte sich in der gemeinsamen Feier auch uns. Er offenbarte sich als einer, der in Stephan Michaels Leben gegenwärtig war und der auch das neue Leben seiner Mutter begleiten wird.

• • **Zur Feier**

„Wer ist wie Gott?", fragt der Name Michael. In der Liturgie konnten wir erfahren, daß es nichts gibt, womit sich Gott festhalten oder begrenzen läßt – kein Name, kein Bild und kein Geschlecht. Gott ist der „Ich-bin-da" oder genauer: der/die „Ich-bin-da, so wie ich da sein werde."[1] Im Klangbild des Psalmes 139 wurde dieser Gott Wirklichkeit für uns trauernde Frauen. Da klang etwas heraus, wie: Gott geht mir entgegen, Gott klagt mich nicht an, Gott umarmt mich, er/sie sagt: „Du bist da, wir feiern ein großes Fest." Diese Erfahrung verdanken wir Stephan Michael. Er hat uns damit gekrönt. Stephan bedeutet griechisch: Kranz, Krone.
Ein Fest ist die anschließende Agapefeier geworden – ein Ausblick in ein neues Leben. Die traurige Abschiedsstimmung wechselte in eine gelöste, von vielem Lachen begleitete Festatmosphäre. In der Feier wurde vorweggenommen und erlebt, was wir Stephan Michaels Mutter für das Ende ihres langen Trauerweges wünschen. Der Ablauf der Agape lag mir vor; die Gebete habe ich größtenteils neu formuliert. Die Agape-Texte wurden allen Teilnehmerinnen ausgeteilt.

• • **Ablauf der Liturgie**

„Ich bin da!"

Begrüßung
LeiterIn: Wir wollen uns gegenseitig vorstellen, uns unsere Namen sagen.
Jede Teilnehmerin einzeln:
Ich bin …

LeiterIn: Wir alle sind da, um mit Stephan Michaels Mutter Abschied zu nehmen. Der Name Stephan kommt aus dem Griechischen und bedeutet „Kranz, Krone"; der Kranz verleiht den Sieg, den Frieden.

---

[1] Diese Übersetzung des Namens Jahwe stammt von Helen Schüngel-Straumann.

Michael ist hebräisch und heißt: „Wer ist wie Gott?"

Wer ist Stephan? Seine Mutter hat uns Bilder mitgebracht, damit auch wir Ausschnitte aus seinem Leben kennenlernen.
Die Mutter zeigte die Bilder und erzählte aus dem Leben von Stephan Michael. Die anwesenden Frauen fragten nach, um ihn besser kennenzulernen. Viele Tränen flossen und bahnten den Weg für das, was in uns frei werden wollte.

LeiterIn: Stephan Michael. Wir dürfen darauf vertrauen, daß auch Gott seinen Namen kennt, daß er um die Bilder seines Lebens weiß. So wie wir Stephan Michael in den Bildern kennengelernt haben, so kennt ihn Gott seit seiner Geburt. Deshalb feiern wir jetzt in seinem Namen diese Liturgie.
Im Namen des Vaters und des Sohnes und des Heiligen Geistes.
Alle: Amen.

Lied

Ich will dir dan – ken, weil du mei – nen
Na – men kennst, Gott mei – nes Le – bens.

Text: Franz-Reinhard Daffner; Musik aus England

LeiterIn: Zusammengeführt hat uns der Wunsch, gemeinsam mit der Familie von Stephan Michael zu trauern. Wir trauern um den Verlust und um die nicht gelebte Zeit mit Stephan. Wir können aber auch feiern, was er uns allen durch sein Leben geschenkt hat. Wir danken für die gelebte Zeit mit Stephan Michael. Wir feiern, was uns alle mit ihm verbindet: die Suche nach dem eigenen Ich und die Frage nach Gottes Namen in mir. Stephan Michael war auf der Suche – und wir sind es immer noch.

Lied

Im - mer noch sind wir un - ter - wegs zu dir,
su - chen dei - nen Na - men in uns,
su - chen dei - nen Tag mit - ten in der Nacht,
su - chen ta - stend, Gott, dein Ge - sicht.
Su - chen dei - nen Tag mit - ten in der Nacht,
su - chen ta - stend, Gott, dein Ge - sicht.

Text und Musik: Schweizer Frauenkirche

Tagesgebet

LeiterIn: Gott, du kennst jede von uns mit ihrem Namen. Du kennst Stephan Michael. Du hast ihn begleitet, als er unterwegs war zu sich selber und zu dir. Du bist bei ihm gewesen, als er auf der Suche nach seinem Namen war. Mit unserer Trauer um ihn kommen wir zu dir und fragen dich nach deinem Namen. Wir sind unterwegs zu dir und fragen, wo du bist und wer du bist? Wo bist du gewesen, als Stephan Michael gestorben ist? Wo bist du jetzt? Hilf uns, daß wir dich erfahren können. Laß die Familie von Stephan Michael in ihrer Trauer und ihrem neu zu beginnenden Leben nicht allein. Darum bitten wir dich jetzt und allezeit.
Alle: Amen.

Psalm 139

LeiterIn: Wir wollen den Psalm 139 hören, eine kurze Stille halten und nochmals hören. Dabei soll er als Klangbild in und um uns entstehen, indem wir beim zweiten Lesen die Stellen, die uns anrühren, laut mitlesen.
Psalm 139 hören, bedenken, hören und klingen lassen. Jede Teilnehmerin hat den Text zur Hand.

Lied

Ich will dir danken *(siehe vorne)*

Lesung aus dem Buch Exodus und Worte zur Deutung

LeiterIn: So wie wir auf der Suche nach unserem Gott sind, will auch Mose den Namen des Gottes seiner Väter wissen. Auch er fragt: Wer bist du, Gott? Wie Stephan Michael möchte er wissen: Wer ist wie Gott?
Der Gottesname spielt in alter Zeit eine wichtige Rolle. Es gab und gibt viele Götter. Deshalb ist es nicht gleichgültig, wie ich die Gottheit, der ich vertrauen will, bezeichne und anrufe. Der Name sagt immer etwas über das Wesen seines Trägers oder seiner Trägerin aus. In biblischen Erzählungen wird großes Gewicht auf eine passende Namensgebung gelegt. Auch der Gott Israels hat einen Eigennamen. Er heißt nicht einfach Gott – Gott ist nur ein Gattungsname. Er trägt den Eigennamen Jahwe.

Lesung: Exodus 3,1–3,15

LeiterIn: Der Verfasser dieser Geschichte läßt Mose ausdrücklich nach dem Namen des Gottes fragen, der ihm erscheint. Mose kennt ihn zwar als den Gott seiner Väter, aber er möchte mehr wissen. Er fragt nach dem Eigennamen.

Gottes Antwort hat zwei Seiten. Einerseits erhält Mose eine Antwort, andererseits ist genau diese Antwort eine Ablehnung des Wunsches Mose. Denn Gottes Eigenname verhindert gerade eine Festlegung Gottes auf ein Bild oder auf einen Namen. Auf die Frage Mose sagt Gott: Ich bin der „Ich bin da, so wie ich da sein werde!" (Ex 3,14).

Dieser Gottesname beinhaltet zwei Besonderheiten, die uns etwas über das Wesen seines Trägers, über Gott, sagen.

Zum einen besteht der Gottesname Jahwe aus einem Verb – hebräisch „hih" – und dieses Verb bedeutet „sein, werden, wirksam sein". Es handelt sich um ein Verb der Bewegung, um das Dynamische an diesem Gott auszudrücken. Dieser Gott Jahwe ist kein statischer Gott, sondern ein Gott, der sich auf uns zubewegt, ein Gott, der unter uns Menschen wirksam werden will.

Zum anderen hat dieser Gottesname kein Geschlecht, denn im Hebräischen gibt es in der 1. Person keinen Genus. Dieser Gott kommt nicht als ein Mächtiger, als Herr oder Herrscherin, sondern er bietet sich an als ein Ich. Dieser Gott spricht als Ich und ruft mich in das Du hinein, das antworten kan. Dieses Ich sagt, was ein Mensch in Not braucht: Ich-bin-da, so wie ich für dich da sein werde, so wie du mich jetzt brauchst.

Wir wollen gemeinsam in uns aufspüren, welche Erfahrungen und Hoffnungen wir mit diesem Zuspruch verbinden: Ich bin da.

Wir wollen uns erzählen, wann wir diese Worte gebraucht oder gesagt bekommen haben; wir wollen uns mitteilen, von wem wir uns diese Worte jetzt wünschen.

Die Frauen erzählten Erfahrungen in ihrem Leben und äußerten Bitten und Wünsche. Stephan Michaels Mutter konnte in dieser vertrauten Atmosphäre sagen, was sie jetzt von wem braucht.

LeiterIn: Gott sagt: „Ich bin da, so wie ich da sein werde". Wir können dieses sehr bewegende „sein, werden, wirksam sein" auch mit unserem Körper erspüren.

Tanz + Lied

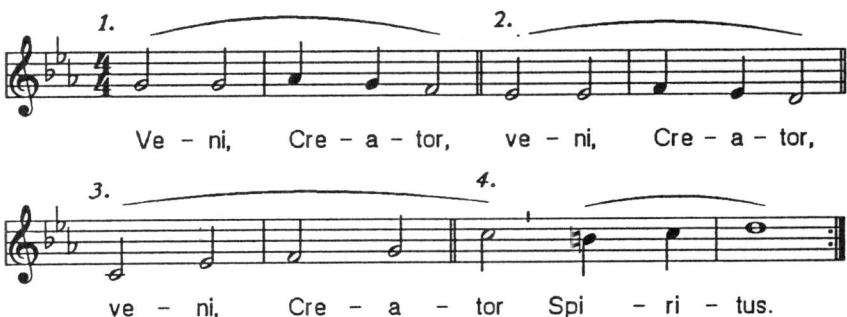

Ve - ni, Cre - a - tor, ve - ni, Cre - a - tor,

ve - ni, Cre - a - tor Spi - ri - tus.

Text: Gesang aus Taizé; Musik: Jacques Berthier

Schritte:
1.–4. Takt: Alle stehen im Kreis und halten die Hände schützend
vor ihren Bauch, wie eine schwangere Frau. Dann strecken wir die
geöffnete rechte Hand nach der Mitte aus und lassen gleichzeitig
die andere fallen. Wir nehmen die Hände zurück vor unseren Bauch
und strecken dann die linke Hand zur Mitte, um zu empfangen
und lassen die rechte Hand fallen. Anschließend führen wir die
Hände schützend vor unsere Mitte, den Bauch. Die Bewegung wird
noch einmal wiederholt.
5.–8. Takt: Anschließend gehen wir 8 Schritte nach rechts.

Symbolik:
Der Tanz bringt zum Ausdruck, daß wir in der Mitte unsere Hände
füllen lassen und diese Fülle zu unserer eigenen Mitte bringen, um
sie weiterzugeben an unsere Kinder und an die Welt. In dieser Bewegung ist sowohl das Kreuz wie auch die unendliche „8" enthalten – Empfangen, Schwangerschaft, Geburt und Tod.

Agapefeier
LeiterIn: Wir haben das Wort der Schrift gehört und bedacht. In
diesem Wort sagte Gott selbst zu uns: „Ich bin da!" Und wir dürfen
ihm begegnen. Auch Jesus hat uns diese Zusage geschenkt: Wo

zwei oder drei in meinem Namen zusammen sind, da bin ich mitten unter ihnen!

Wir laden dich, unseren Bruder Jesus Christus, jetzt ein, bei uns zu sein, wenn wir miteinander eine Agape, ein Mahl der Liebe feiern wollen. Wir laden dich ein, mit uns den Tischdank zu sprechen, unseren Kummer wie das Brot zu teilen und mit uns zu essen als deine Familie.

Tischdank

Alle: Niemals sind wir allein und verlassen, denn du, unser Gott, bist wie ein Vater und eine Mutter immer bei uns und begleitest uns durch schöne wie durch schwere Stunden.

LeiterIn: Weil du uns nahe sein wolltest, hast du in deinem Sohn Jesus Christus unter uns Menschen gelebt. Als dieser Mensch bist du zur Welt gekommen und hast mit uns Menschen alles geteilt, was zu einem menschlichen Leben gehört: Liebe und Freude, Kummer und Schmerz, Leben und Tod.

Alle: In Jesus Christus bist du auf uns Menschen zugegangen. Du hast dich unserer angenommen. Die Frauen, die Kleinen, die Geringen und die Trauernden lagen dir besonders am Herzen. Wir danken dir für diese Zuwendung und gedenken in Liebe deines Lebens in Jesus Christus.

Deutewort zum Wein

LeiterIn: Wir tun es mit diesem Wein. Menschen, die einander zugetan und wichtig sind, trinken miteinander. So besiegeln sie ihre Freundschaft und Zusammengehörigkeit. Trinken wir nun darauf, daß Gott uns in Jesus Christus zugetan ist, daß er für uns da ist wie eine Mutter für ihre Kinder.

Alle nehmen einen Schluck und trinken sich zu.

Brotbrechen und -teilen

LeiterIn: So wie Jesus den Seinen das Brot brach, so brechen wir es füreinander.

Leiterin beginnt den Brotfladen in größere Teile zu brechen und gibt sie in die Tischrunde, wo sie weitergeteilt werden, bis jede ein Stück Brot in der Hand hält.

Lied *(während des Brotteilens)*
„Wenn das Brot, das wir teilen" *(Text: Claus Peter März; Musik: Kurt Grahl)*

Deutewort zum Brot
LeiterIn: Miteinander Brot teilen bedeutet: zusammengehören, miteinander eine Gemeinschaft, eine Familie sein, zueinander stehen, einander tragen und ertragen.
Miteinander Brot teilen sagt: Ich bin für dich da. Ich teile mit dir deinen Schmerz und deine Trauer.
Sagen wir einander, an was uns dieses Stücklein Brot erinnert, was es uns bedeutet und welche Hoffnungen es in uns weckt:
• Für mich bedeutet dieses Brot ...
• Mich erinnert dieses Brot ...
• Wenn ich dieses Brot in der Hand halte, denke ich an ...
• In mir weckt dieses Brot die Hoffnung, daß ...
• ...
LeiterIn: Essen wir nun dieses Brot, das uns so viel bedeutet!
Alle essen das Brot und trinken den Wein.

LeiterIn: Jesus, du hast auf unserer Erde gelebt. Dein Anliegen war es, eine Gemeinschaft von Menschen ins Leben zu rufen, die in Liebe und Freundschaft miteinander verbunden sind. Gib uns die Kraft, einander als Schwestern (und Brüder) zu entdecken, die sich gegenseitig beistehen in der Not und in der Freude.
Laßt uns miteinander beten, wie Jesus immer gebetet hat.
Alle: Vater unser ...

Segenslied und Tanz
Leiterin: Ubi caritas, deus ibi est – wo die Liebe wohnt, da ist Gott. Wir wollen uns aus unserer Mitte den Segen holen und über uns ausgießen lassen. Wir wollen einander die Hände reichen und so den Segen weitergeben. Wir können uns gegenseitig als Gottes Ebenbilder sagen: „Ich bin da! Ich bin für dich da!" Auch wenn wir uns nachher trennen und unseren Weg allein weitergehen, können wir einander spüren lassen: „Ich bin da. Ich bin in Gedanken bei dir".

U - bi ca - ri - tas   et   a - mor.

U - bi ca - r - tas   De - us i - bi est.

Text: Altkirchliche Liturgie; Musik: Jacques Berthier

Schritte:

1.–4. Takt: Die TeilnehmerInnen holen sich mit den Armen und dem ganzen Körper aus der Mitte den Segen Gottes und lassen ihn über sich ausgießen.
5.–8. Takt: Die TeilnehmerInnen reichen sich die Hände und gehen 8 Schritte nach rechts.
Der Tanz kann mehrmals wiederholt werden.

Die Teilnehmerinnen setzen sich wieder an den Tisch, lassen den Gottesdienst nachklingen, sie verzehren das restliche Brot und die Getränke.

Erika Michel

• • •

Feier der Beerdigung

• • Zur Situation

Umfragen zufolge sind es die Übergangsrituale und -feiern, die viele Menschen bewegen, in der Kirche zu bleiben. Besonders die Beerdigung gehört zu den immer noch nachgefragten Angeboten der Kirche. Angesichts des letzten und wohl schwierigsten Übergangs im Leben eines Menschen suchen die Angehörigen die Begleitung durch eine religiöse Institution.

Der zu bewältigende Übergang ist ein zweifacher. Eine Person geht den Übergang vom Leben zum Tod – ein Übergang, den zwar viele Menschen vorangegangen sind, der uns Menschen dennoch trennt und zum „Alleingang" zwingt. Die Angehörigen und FreundInnen dieser Person vollziehen den Übergang von LebensgefährtInnen zu Hinterbliebenen, von BegleiterInnen zu in der Trauer Zurückbleibenden. Die Beerdigung bindet beide Übergänge zusammen und gestaltet sie rituell und symbolisch nach. In der Prozession zum Grab vollzieht sie den letzten irdischen Weg der/s Verstorbenen. Im Einsenken des Sarges in das Grab wiederholt sie – örtlich und zeitlich faßbar – den Übergang vom Leben zum Tod. Die Hinterbliebenen erhalten im Nach-Vollzug die Möglichkeit, ihre/n Verstorbenen in diesem Übergang zu begleiten. Da heute viele Menschen beim Sterben einer/s nächsten Angehörigen nicht anwesend sein können – z.B. weil sie zu weit weg wohnen, das Krankenhaus sie zu spät benachrichtigt oder sie sich emotional überlastet fühlen –, bedeutet die Beerdigung für sie die Chance, wenigstens hier dabeigewesen zu sein. Der Mitvollzug der Übergangsfeier ermöglicht den Angehörigen und FreundInnen, Abschied zu nehmen und den Trauerprozeß mit allen dazugehörigen Gefühlen wie Schmerz, Wut, Schuld, Erleichterung und Einsamkeit zu beginnen. Die Beerdigung macht ihren neuen „Zustand" öffentlich und unterstützt ihn dadurch. Gleichzeitig zieht sie eine Grenze zwischen der/m Verstorbenen und den Weiterlebenden. Sie werden als Trauernde in die Gemeinschaft der Lebenden aufgenommen und dadurch aufgefordert, den neuen Lebensabschnitt zu beginnen.

Der zweifache Übergang der/s Verstorbenen und der Hinterbliebenen wird in der Beerdigung in Zeichen und Worten dargestellt. Symbole, Riten und Gebete stehen zur Verfügung, um den Übergang nachzuvollziehen und in Gefühlen auszudrücken. Sie helfen, ihn zu deuten und in die eigene Lebensbiographie einzuordnen.

• • Zur Liturgie

Die Texte einer Beerdigungsfeier in zwei Stationen[1] versuchen, die verschiedenen Gefühle der Hinterbliebenen zum Ausdruck zu bringen. Sie sprechen von dem gemeinsamen Leben, das zurückliegt, und von dem neu zu beginnenden Leben, das die Zurückgebliebenen vor sich haben und in dem die/der Verstorbene einen neuen Platz erhalten soll. Sie reden auch von Gott, der im Leben der/des Verstorbenen anwesend war und diesem Leben seine Qualität verlieh. Er wird auch das Weiterleben der Hinterbliebenen begleiten. Die Hoffnung auf ein Leben nach dem Tod kommt in weiten und offenen Formulierungen zum Ausdruck. Sie will die Trauer nicht zudecken, sondern Perspektiven im Leid aufzeigen. Zudem müssen kirchliche LeiterInnen von Beerdigungen wahrnehmen, daß der Glaube an die Auferstehung auch für kirchlich gebundene Menschen fraglich geworden ist.
Die Beerdigungsfeier enthält in der zweiten Station zahlreiche Symbole: Wasser, Weihrauch, Erde, Kreuz. Die ausgestaltenden Texte versuchen, in wenigen Worten den Gehalt der symbolischen Riten auszudrücken. Sprechen sollen allerdings die Zeichen selber. Obwohl sie lose aneinandergereiht wirken, sollte meines Erachtens keine der Zeichenhandlungen weggelassen werden. Ihre Unverbundenheit im Ablauf kann durch eine behutsame Gestaltung der Übergänge ausgeglichen werden.

• • Ablauf der Liturgie

Musik – *die/der LeiterIn besprengt den Sarg mit Weihwasser.*

---

[1] Vgl. Die kirchliche Begräbnisfeier in den katholischen Bistümern des deutschen Sprachgebietes, herausgegeben im Auftrag der Bischofskonferenzen Deutschlands, Österreichs und der Schweiz und des Bischofs von Luxemburg, (Benziger/Herder/Pustet/Herder/St. Peter/Veritas) Einsiedeln/Köln/Freiburg/Basel/Regensburg/Wien/Salzburg/Linz 1989, besonders 71–87.

Begrüßung

Alle Anwesenden machen ein Kreuzzeichen. Dazu spricht der/die LeiterIn:

LeiterIn: Im Namen des Vaters + und des Sohnes und des Heiligen Geistes.

Alle: Amen.

LeiterIn: Gott, der Vater des Erbarmens und die Mutter allen Trostes sei mit euch.

Alle: Und mit deinem Geiste.

LeiterIn: Wir sind zusammengekommen, um Abschied zu nehmen von unserem Bruder/unserer Schwester N.N.. Dieser Tod erfüllt Sie alle und besonders die Angehörigen unter Ihnen mit Schmerz und Trauer. Wenn jemand von uns geht, bleibt eine Lücke. Das tut weh. Aber für die Zurückgebliebenen geht das Leben weiter. Und in diesem Leben soll die verstorbene Person einen Platz erhalten. Ihre ganze Vergangenheit bleibt in ihren Nächsten lebendig.

Kyrie

LeiterIn: Jesus Christus. Du bist uns nahe, wenn wir jetzt trauern. Herr, erbarme dich.

Alle: Herr, erbarme dich.

LeiterIn: Du hast den Tod mit den Menschen geteilt, als du am Kreuz gestorben bist. Christus, erbarme dich.

Alle: Christus, erbarme dich.

LeiterIn: Du bist auch jetzt unserer/m Verstorbenen nahe. Herr, erbarme dich.

Alle: Herr, erbarme dich.

Gebet

LeiterIn: Jesus Christus, wir empfehlen dir unseren Bruder/unsere Schwester N.N. . Wir haben ihn/sie geliebt, als er/sie bei uns war. Du hast ihn/sie ebenso geliebt und ihm seine/ihr ihre menschliche Würde gegeben. Stehe auch jetzt zu deinem Bruder/deiner Schwester und laß ihn/sie weiterleben in dir so wie wir ihn/sie weiterleben lassen in uns. Darum bitten wir dich, Jesus Christus, unseren Bruder und Freund.

Alle: Amen.

Lesung – Ansprache – Lied

Gebet

LeiterIn: Gütiger Gott. In deine Hände empfehlen wir unseren Bruder/unsere Schwester N.N. und hoffen, daß er/sie in Christus ist. Wir danken dir für alles Gute und Schöne, das wir mit ihm/ihr erleben durften. Wir danken dir für die guten Tage und auch die schwierigen Tage, die wir miteinander bestanden haben. Wir möchten dankbar sein für all das Wertvolle, das er/sie uns getan hat und es in unserem Leben fortsetzen. Wir wollen auch um Verzeihung bitten, wo wir an unserem Bruder/unserer Schwester schuldig geworden sind, so wie wir hoffen, daß du ihm/ihr verzeihst, wo er/sie an uns und an der Welt schuldig geworden ist. Darum bitten wir dich durch Jesus Christus, deinen Sohn und unseren Bruder.
Alle: Amen.

LeiterIn: Wir begleiten jetzt N.N. auf seinem/ihrem letzten Weg. Wir gehen diesen letzten Weg mit ihm/ihr, um uns dann von ihm/ihr zu verabschieden.

Instrumental-Musik – Prozession zum Grab

Gebet

LeiterIn: Gütiger Gott. Dein sind wir im Leben und im Tod. Wir bitten dich: Segne diese Erde, in der wir deinen Sohn/deine Tochter begraben. Schenke ihm/ihr dein Leben und deine Nähe, und stärke uns in dem Vertrauen darauf, daß bei dir niemand und nichts verloren geht. Darum bitten wir dich, der du lebst und uns liebst jetzt und in Ewigkeit.
Alle: Amen.

Schriftwort

LeiterIn: Jesus Christus sagte: „Ich bin die Auferstehung und das Leben. Wer an mich glaubt, wird leben, auch wenn er stirbt, und jeder, der lebt und an mich glaubt, wird auf ewig nicht sterben" (Johannes 11,25f).

Zum Einsenken des Sarges

LeiterIn: Wir übergeben den Leib der Erde. Jesus Christus aber, der das Leben ist, wird auch unserem Bruder/unserer Schwester dieses neue Leben schenken.

LeiterIn sprengt Weihwasser auf den Sarg

LeiterIn: Mit Wasser und mit Heiligem Geist bist du getauft worden. Dieser Geist des Lebens wird auch jetzt bei dir sein.

LeiterIn läßt Weihrauch über dem Grab aufsteigen

LeiterIn: Gott hat in dir gelebt und dir deine unantastbare Würde und deinen ewigen Wert geschenkt. Gott wird immer in dir leben.

LeiterIn wirft Erde auf den Sarg

LeiterIn: Von der Erde bist du genommen, und zur Erde kehrst du zurück. Das menschliche Leben ist vergänglich und ewig zugleich.

LeiterIn steckt das Kreuz in die Erde oder macht das Kreuzzeichen über dem Grab

LeiterIn: Das Kreuz, Zeichen des Leidens der Welt, aber auch Zeichen des Lebens, der Gerechtigkeit und der Liebe, dieses Kreuz Jesu Christi sei aufgerichtet über dir. Der Friede Gottes sei mit dir.

Fürbitten

LeiterIn: Laßt uns jetzt unsere Bitten vor Gott tragen:
Wir bitten dich für deinen Sohn/deine Tochter N.N.,
schenke ihm/ihr dein ewiges Leben.
Alle: Wir bitten dich, erhöre uns.
LeiterIn: Wir bitten dich für alle Verstorbenen, gib ihnen deine ewige Ruhe.
LeiterIn: Wir bitten dich für uns, daß wir unseren Bruder/unsere Schwester in unserem Herzen bewahren.
LeiterIn: Wir bitten dich für alle Trauernden, daß sie an ihrer Trauer nicht verzweifeln, sondern neue Hoffnung schöpfen können.
LeiterIn: Wir bitten dich für alle Kranken und Sterbenden, daß sie deine Nähe spüren und Kraft daraus gewinnen.
LeiterIn: Wir bitten dich für die ganze Welt, daß sie ihre Toten nicht

vergißt, sondern alles, was sie Gutes getan haben, weiterführt, damit eine bessere Welt auf Erden werden kann.
LeiterIn: Wir bitten dich für den Mann und für die Frau unter uns, die als nächste sterben müssen.

Vater unser

LeiterIn: Laßt uns nun unsere Bitten, unsere Trauer und unsere Hoffnung hineinnehmen in das Gebet, das Jesus immer gebetet hat.
Alle: Vater unser ...

Schlußgebet

LeiterIn: Gütiger Gott. Dein Sohn ist für uns gestorben. Er hat das Leiden der Welt und den Tod getragen. In seinem Kreuz bist du den Menschen nahe und leidest und stirbst mit ihnen. Gütiger Gott, du lebst mit uns und stirbst mit uns und wirst deshalb immer und ewig bei uns sein. Deine unaufhörliche Nähe ist es, die wir brauchen und spüren können. Gerade jetzt – im Tod und in der Trauer – bist du da. Dafür danken wir Dir, Gott, Vater und Mutter, Schöpfer und Schoß.
Alle: Amen.

Segen

LeiterIn: Gütiger Gott, gib deinem Sohn/deiner Tochter N.N. und allen Verstorbenen die ewige Ruhe.
Alle: Und das ewige Licht leuchte ihnen.
LeiterIn: Laß sie ruhen im Frieden.
Alle: Amen.

Christiane Bundschuh-Schramm

Literatur

Beratungsstelle für die Gestaltung von Gottesdiensten und anderen Gemeindeveranstaltungen (Hg.): Du, Eva, komm sing dein Lied. Worte und Töne, die uns bewegen. Liederheft zur Ökumenischen Dekade „Solidarität der Kirchen mit den Frauen", zusammenge-stellt und geschrieben von Dorothea Schönhals-Schlaudt, Frankfurt ²1993.

Brauchbar, Matthias/Herr, Heinz: Zukunft Alter, (Artemis und Winkler) München 1993.

Budapest, Zsuzsanna E.: Mondmagie. Kreative Begegnung mit der dunklen Seite der Weiblichkeit, (Goldmann) München 1993.

Bundschuh-Schramm, Christiane: Weil Du mich siehst. Rituale und Übungen, Gebete und Lieder, (Schwabenverlag) Ostfildern 1997.

Dinkelmann, Anna: Kreisen. Frauenrituale und Feste, (Selbstverlag Anna Dinkelmann) Holthausen 1983. *(ohne ISB-Nummer)*

Douglas, Mary: Ritual, Tabu und Körpersymbolik. Sozialanthropologische Studien in Industriegesellschaft und Stammeskultur, (Fischer) Frankfurt 1986.

Enzner-Probst, Brigitte/Felsenstein-Roßberg, Andrea (Hg.): Wenn Himmel und Erde sich berühren. Texte, Lieder und Anregungen für Frauenliturgien, (Gütersloher Verlagshaus) Gütersloh 1993.

Erni, Gertrud: Die Vater-unser-Chakren-Meditation: ein heilender Weg mit Symboltänzen, Meditationen und Ritualen, (Droemer Knaur) München 1994.

Frauenstudien- und -bildungszentrum der EKD (Hg.), Riten, Rituale und Symbole in der Frauenkirche. Dokumentation der 4. Werkstatt Liturgie vom 15.–17. September 1995 in Gelnhausen.

Frauenstudien- und -bildungszentrum der EKD, Arbeitskreis Feministische Liturgie/Leistner, Herta (Hg.): Laß spüren deine Kraft. Feministische Liturgie. Grundlagen – Argumente – Anregungen, (Gütersloher Verlagshaus) Gütersloh 1997.

Gabriel, Karl (Hg.): Religiöse Individualisierung oder Säkularisierung. Biographie und Gruppe als Bezugspunkte moderner Religiösität (Veröffentlichungen der Sektion Religionssoziologie in der Deutschen Gesellschaft für Soziologie 1), (Kaiser/Gütersloher Verlagshaus) Gütersloh 1996.

Grün, Anselm: Geborgenheit finden, Rituale feiern. Wege zu mehr Lebensfreude (Kreuz Verlag) Stuttgart ²1997.

Hojenski, Christine/Hübner, Birgit/Hundrup, Reinhild/Meyer, Martina (Hg.): Meine Seele sieht das Land der Freiheit. Feministische Liturgien – Modelle für die Praxis, (edition liberación) Münster 1990.

Iglehart, Hallie: Weibliche Spiritualität. Traumarbeit, Meditationen und Rituale, (Kösel) München ²1988.

Jung, Ursula: Das neue Frauen-Liederbuch, (Kreuz Verlag) Stuttgart 1993.

Merz-Abt, Thomas/Stutz, Pierre: Gottesdienst feiern mit Trauernden. Anregungen zur Auseinandersetzung mit Sterben, Tod und Auferstehung und Gottesdienstmodelle, (Rex-Verlag) Luzern/Stuttgart 1992.

Merz-Abt, Susanne/Merz-Abt, Thomas/Stutz, Pierre: Traugottesdienste. Anregungen zur Ehe-Vorbereitung und Gottesdienst-Modelle, (Rex-Verlag) Luzern/Stuttgart ²1994.

Minker, Margaret: Der Mondring. Feste und Geschenke zur ersten Menstruation, (dtv) München 1996.

Müller, Birgit (Hg.): Segensworte und Segensgesten (Materialhefte 72), (Beratungsstelle für die Gestaltung von Gottesdiensten und anderen Gemeindeveranstaltungen) Frankfurt 1994.

Pahnke, Donate/Sommer, Regina (Hg.): Göttinnen und Priesterinnen. Facetten feministischer Spiritualität, (Gütersloher Verlagshaus) Gütersloh 1995.

Peikert-Flaspöhler, Christa: schenke Neubeginn. Segensworte, (Lahn-Verlag) Limburg 1996.

Radford Ruether, Rosemary: Unsere Wunden heilen, unsere Befreiung feiern. Rituale in der Frauenkirche, (Kreuz Verlag) Stuttgart 1988.

Rosenstock, Heidi/Köhler, Hanne: Du Gott, Freundin der Menschen. Neue Texte und Lieder für Andacht und Gottesdienst, (Kreuz Verlag) Stuttgart ²1994.

Strack, Hanna/Freking, Christiane (Hg.): Segen ist nicht nur ein

Wort. Tänze, Gesten, Meditationen, Rituale, Ikebana, (Hanna Strack Verlag) Zorneding 1996.

Stutz, Pierre: Taufgottesdienste. Den Weg zur Quelle finden, (Rex-Verlag) Luzern/Stuttgart 1994.

Sydow, Walter: Sisyphos lernt tanzen. Ein Mann geht den Weg der Befreiung, (Herder Spectrum), (Herder) Freiburg/Basel/Wien 1992.

Wall, Kathleen / Ferguson, Gary: Rituale für das Leben, (Hugendubel) München 1996.

Weltzien, Diane von: Praxisbuch der Rituale, (Goldmann) München 1997.

Weltzien, Diane von: Rituale neue erschaffen. Elemente gelebter Spiritualität, (Sphinx Verlag) Basel 1995.

Wohlrab-Sahr, Monika (Hg.): Biographie und Religion. Zwischen Ritual und Selbstsuche, (Campus) Frankfurt/New York 1995.

Wichtige Literaturhinweise verdanke ich Mechthild Herberhold und Hermann Josef Bayer.

AutorInnen

Bauer-Hegele, Johanna: geb. 1964; 1986–1990 Studium der Religionspädagogik in Eichstätt; seit 1990 Gemeindereferentin in Tettnang mit dem Schwerpunkt Familienkatechese; 1994–1996 Ausbildung zur Bibliodrama-Leiterin; verheiratet.

Bayer, Hermann Josef: geb. 1950; seit 20 Jahren Seelsorger (Diakon) in Einrichtungen für psychisch Kranke und Jugendliche und seit 1990 in einer Kirchengemeinde in Stuttgart; Fortbildungen zu und Schwerpunkte in Hospizarbeit, Trauerbegleitung, Tanz und Meditation.

Bögershausen, Uwe: geb. 1965; Studium der katholischen Theologie in Frankfurt und München (1984–1990); Ausbildung zum Pastoralreferenten in Weinsberg mit den Schwerpunkten Ökumene und Dialog der Religionen; seit 1996 Pastoralreferent in Zwiefalten mit den Aufgaben Religionsunterricht an einer beruflichen Schule, Erwachsenenbildung und Katechese; Schwerpunkt im Verkündigungsdienst; Publikation diverser Predigten.

Bokmeier, Resi: geb. 1936; Referentin für Frauenbildung und Alleinerziehendenarbeit beim Bildungswerk der Diözese Rottenburg-Stuttgart von 1971–1997; Supervisorin.

Breuer, Christiane: geb. 1961; Studium der katholischen Theologie und Musik in Essen, Bochum und Tübingen; Ausbildung zur Pastoralreferentin in Tuttlingen; Tätigkeit als Pastoralreferentin in Herrenberg; seit 1996 Pastoralreferentin in Baiersbronn mit dem Schwerpunkt Familien- und Frauenarbeit; Mutter von drei Kindern.

Bundschuh-Schramm, Christiane: geb. 1963; Studium der Theologie in Würzburg; Pastoralreferentin; Dr. theol.; seit 1993 Referentin am Institut für Fort- und Weiterbildung der Kirchlichen Dienste in der Diözese Rottenburg-Stuttgart; Schwerpunkte: Homiletik, Bibel und Liturgie, Spiritualität.

Heilig, Petra: geb. 1963; Diplomtheologin; Diplompädagogin; Erwachsenenbildnerin; Referentin bei der AGG, Bonn.

Herberhold, Mechthild: geb. 1966; Krankenschwester; Theologin

(Studium der röm.-kath. Theologie in Würzburg); Schwerpunkte: Feministische Theologie und Ethik, Feministische Liturgie; seit 1991 freiberufliche Referentin in der Erwachsenenbildung (v.a. Sterben/Tod/Trauer; Feministische Theologie; Frauen und Alter; Multikulturelle Frauenarbeit); seit 1996 Dozentin für Ethik in Pflegeberufen; derzeitige Tätigkeit als Pädagogische Mitarbeiterin an der VHS Hagen zum Thema „Demokratische Beteiligung und Multimedia (Internet)"; Gründung einer Frauenliturgiegruppe, Praxis in Feministischen Liturgien und Ritualen.

Hirsch, Elfriede: geb. 1935; Referentin für Frauenbildung und Frauenseelsorge in Eichstätt von 1967–1979; dann beim Katholischen Bildungswerk Biberach von 1979–1995.

Horch-Bögershausen, Regina: geb. 1963; Studium der katholischen Theologie in Frankfurt (1983–1990); sozial-caritative Einsätze in England und den USA; Ausbildung zur Pastoralreferentin in Heilbronn mit den Schwerpunkten Jugendarbeit, Kranken- und Hausbesuche; seit 1996 Pastoralreferentin in Zwiefalten mit den Aufgaben Religionsunterricht, Jugendarbeit, Verkündigung und Katechese; Schwerpunkt in der Medienarbeit (Kinoexerzitien, Kino- und Filmgespräche).

Hummel, Elisabeth: geb. 1966; 1986–1993 Studium der katholischen Theologie (Diplomtheologie) in Benediktbeuren, Jerusalem und Würzburg; Ausbildung zur Pastoralreferentin in Böblingen; seit 1997 Pastoralreferentin in Backnang; Schwerpunkte: Feministische Theologie, Liturgie und Rituale; Fortbildungen in TZI, Bibliodrama und (meditativen, sakralen) Tänzen.

Jerabek, Christine: geb. 1959; Studium der Katholischen Theologie und Geographie in Aachen und Tübingen; Lehrerin; 1993–1997 Lehrbeauftragte für Religionspädagogik in der Ausbildung der Pasto-ralassistentInnen der Diözese Rottenburg-Stuttgart; seit Septem- ber 1997 Lehrerin am Gymnasium.

Kleine, Christel: geb. 1957; 1976–1983 Studium in Trier und Tübingen; Sozialer Dienst für Frieden und Versöhnung in Süditalien und im Ruhrgebiet; 1985 Heirat; 1985–1986/89–91 Ausbildung zur Pastoralreferentin; 2 Kinder (geboren 1986 und 1993); 1991–1993 und seit 1996 erneut Pastoralreferentin in Nagold.

Michel, Erika: geb. 1950; Schneiderin; Studium der Textiltechnik (ohne Abschluß); Heirat, Geburt und Erziehung von 4 Kindern; seit 1980 Mitarbeit in der Kirchengemeinde Liebfrauen; verschiedene Fortbildungen in Gottesdienstvorbereitung, tiefenpsychologisch orientierter Bibelarbeit, vergleichender Mythologie und feministischer Theologie; 1996 Examen des Stuttgarter Studienkurses Theologie; Weiterbildung zur Religionslehrerin (Abschluß 1998).

Nowak, Bianca: geb. 1967; Studium bis 1990 an der KFH in Paderborn (Religionspädagogik); 1993 Abschluß der Ausbildung zur Kommunikationstrainerin für das Ehevorbereitungsprojekt EPL; Gemeindereferentin in einer Kirchengemeinde des Bistums Hildesheim mit dem Schwerpunkt offene Jugendarbeit und Frauenseelsorge; Gemeindeberaterin in der Arbeitsstelle für pastorale Fortbildung und Beratung des Bistums.

Ries, Annette: geb. 1960; verheiratet; 3 Töchter; Studium der Architektur in Stuttgart; Architektin mit Schwerpunkt ökologischer Holzbau; ehrenamtliches Engagement in einer Katholischen öffentlichen Bücherei.

Schäfer-Krebs, Margret: geb. 1958; Studium der katholischen Theologie in Tübingen von 1980–1986; verheiratet seit 1984; von 1986–1991 Pastoralassistentin in einem Verbund von fünf Landpfarreien (Starzach); seit 1991 Pastoralreferentin im Bischöflichen Ordinariat Rottenburg, zuständig für die Ausbildung der liturgischen Dienste.

Schmid, Iris: geb. 1964; 1985–1988 Ausbildung am Seminar für Gemeindepastoral und Religionspädagogik; 3 Jahre in Crailsheim als Ge-meindereferentin; seit 1991 Gemeindereferentin in Weinsberg mit den Schwerpunkten Sakramentenkatechese, Elternarbeit, Begleitung verschiedener Gremien und Gruppen und Einzelseelsorge; besondere Interessen: Hospiz- und Frauenarbeit.

Schnitzler-Forster, Jutta: geb. 1964; Religionspädagogin, Gemeindereferentin; seit 1990 Referentin für religiöse Bildung im Bischöflichen Jugendamt/BDKJ; Schwerpunkte: Spiritualität und neue Formen von Gottesdiensten, Bibliodrama und feministische Liturgie.

Vallendor, Beate: geb. 1967; Studium der Religionspädagogik in Freiburg; Gemeindereferentin in Nagold; verheiratet, 1 Kind, zur Zeit im Erziehungsurlaub.

Wasner-Gölz, Christine: geb. 1952; Sozialpädagogin; Gestalt-
therapeutin; Erwachsenenbildnerin beim Bildungswerk der Diözese Rottenburg-Stuttgart.

Lieder / Texte (Nachweise)

Textverzeichnis

S. 31: Aus: Adalbert Ludwig Balling, Unseren täglichen Reis gib uns heute. Verlag Herder, Freiburg 1984

S. 32: Aus: Jörg Zink, Mehr als drei Wünsche. Kreuz Verlag, Stuttgart 1983

S. 37f: © Lothar Zenetti

S. 39f: Aus: Broschüre „Frau und Mann sind Abbild Gottes". Arbeitsgrundlage der Brasilianischen Bischofskonferenz zur „Kampagne der Brüderlichkeit 1990". Übersetzung aus dem Portugiesischen: Edith Snijders. Hrsg.: Bischöfliches Hilfswerk Misereor e.V., Mozartstr. 9, 52064 Aachen. © Misereor Medienproduktion und Vertriebsgesellschaft mbh, Aachen 1990

S. 47: Aus: Christa Peikert-Flaspöhler, schenke Neubeginn. Segensworte. Lahn-Verlag, Limburg 1996

S. 102: Tanzbeschreibung aus: Anastasia Geng, Bachblüten-Tänze. Verlag Mechthild Scheffer.

S. 110: Aus: Jörg Zink, Wie wir beten können. Kreuz Verlag, Stuttgart 1970

S. 129: Jörg Zink, © Kreuz Verlag Stuttgart

S. 133f: Kurt Marti, Werkauswahl in fünf Bänden. Aus: Namenszug mit Mond, Gedichte. © 1996 Verlag Nagel & Kimche AG, Zürich/Frauenfeld

S. 137: Aus: Walter Sydow, Sisyphos lernt tanzen. Herder/Spektrum Bd. 4131. Verlag Herder, Freiburg 1992

S. 137: Aus: Vertrauen gegen die Angst. © Irmgard Hess

S. 138: © Verlag am Eschbach

S. 142: Aus: Gertrud Erni, Die VATER-UNSER-CHAKREN-MEDI-TATION. © 1994 Droemer Knaur Verlag, München.

Liedverzeichnis

S. 45: © ... Weil Du mich siehst. Hrsg. Christiane Bundschuh-Schramm, Schwabenverlag AG, Ostfildern 1997. Die Lieder sind erhältlich auf CD; zu beziehen bei: Michael Schramm, Andreasstraße 45, 99084 Erfurt

S. 46: © Dorothea Schönhals-Schlaudt

S. 50: © MELODY TRAILS INC. Rechte für Deutschland, Österreich, Schweiz und Osteuropa: ESSEX MUSIKVERTRIEB GMBH, HAMBURG

S. 51: © Dorothea Schönhals-Schlaudt / Bernd Schlaudt

S. 67: © ... Weil Du mich siehst. AaO.

S. 90f: © Christiane Bundschuh-Schramm / Michael Schramm

S. 103: Tanz „Walnut – Walnuß" oder „Stampftanz mit Toren"

S. 122: © Heidi Rosenstock / Bernd Schlaudt

S. 124: Aus: Das neue Frauenliederbuch. Hrsg. von Ursula Jung. Kreuz Verlag, Stuttgart 1993

S. 130: Aus: „Ich will dir danken". © Hänssler-Verlag, Neuhausen-Stuttgart

S. 157: Aus: Und der Brunnen ist tief. 1987 – alle Rechte im Peter Janssens Musik Verlag, Telgte-Westfalen

S. 161: (VG Musikedition) Rechte beim Autor

S. 165: (VG Musikedition) Les Presses de Taizé. Deutsche Rechte beim Verlag Herder, Freiburg

S. 168: (VG Musikedition) Les Presses de Taizé. Deutsche Rechte beim Verlag Herder, Freiburg.